Comentarios sobre el libro

Este libro es una invitación maravillosa a redescubrir no sólo la filosofía como disciplina, sino también como una manera de ver el mundo. Con un enfoque claramente cristiano y un contenido de tono personal, Martins nos muestra el alcance del poder creativo y redentor de Dios cuando se trata de nuestro entendimiento del orden creado. Martins introduce al filósofo neerlandés Herman Dooyeweerd de un modo que nos invita a una perspectiva integrada, describiendo las implicaciones de sus ideas para todos los aspectos de la vida, tales como las ciencias, la cultura y nuestra vida práctica. Recomiendo encarecidamente este libro.

Josué Reichow
L'Abri Fellowship (Reino Unido)
Autor de *Reforma tu mente*

Hacia un entendimiento cristiano: la búsqueda de una filosofía cristiana, de Steven R. Martins, es una introducción reveladora a un tema malentendido y muy ignorado en la cristiandad del siglo XXI. El mensaje evangélico bíblico es un mensaje de reino holístico, no sólo escatológico y soteriológico, para la exaltación de la gloria del Rey Jesús, que debe impregnar todo el ámbito de nuestro ser, pensamientos y motivos, así como la manera en que evaluamos el mundo que nos rodea.

Este libro ayudará al lector a entender qué es una verdadera filosofía cristiana, qué es una cosmovisión bíblica (o «visión de mundo y de vida») y cómo ambas se relacionan entre sí. Además, Steven desmantela con cuidado la falsa dicotomía, erróneamente forjada, entre la teología y la vida que hemos heredado de nuestro mundo occidental posterior a la Ilustración. Al terminar, el lector atento debería ser capaz de reevaluar no sólo lo que significa ser cristiano en el reino de Dios y pensar desde los mandatos del reino de Dios, sino también cómo evaluar el razonamiento defectuoso de los sistemas del mundo no regenerado que nos rodea, y finalmente lamentar y rechazar su influencia en el pensamiento cristiano contemporáneo.

Joseph Owen
Answers in Genesis (LATAM)
Petersburg, Kentucky, EE. UU.

Todos los tesoros de la sabiduría y del conocimiento se hallan en Cristo (Col. 2:3). Por ello, Pablo advirtió a los cristianos de Colosas acerca de un tipo de filosofía basada en la sabiduría humana, más que en Cristo, que podía tomarlos cautivos (Col. 2:8). Cuando los cristianos intentan edificar su sistema filosófico sobre un supuesto terreno «neutral» o sobre cualquier otra cosa que no sea Cristo, están construyendo sobre arena movediza. Steven R. Martins ha escrito aquí un breve folleto que ayuda al cristiano a entender qué es una comprensión verdaderamente cristiana y bíblica de la filosofía, basándose en algunos de los mejores pensadores reformados y presuposicionalistas. En una época con muchas amenazas ideológicas, como el posmodernismo, el marxismo cultural, el naturalismo y cosmovisiones «cristianas» comprometidas, hay una verdadera necesidad de pensar y discipular de manera intencional en esta área. Aunque es un libro pequeño, no es una lectura liviana. Contribuye a equipar al lector con un entendimiento de categorías de pensamiento y de fundamentos sobre los que construir, ofreciendo una gran riqueza de fuentes para continuar el crecimiento. Martins ha logrado condensar mucho en este pequeño paquete para que el cristiano que piensa con profundidad lo medite.

Thaddeus Maharaj, B.F.A., M.TS
Fundador y autor en theotivity.com,
Director de Medios y Discipulado,
Hope Church Toronto West

HACIA UN ENTENDIMIENTO CRISTIANO: LA BÚSQUEDA DE UNA FILOSOFÍA CRISTIANA

cantaroinstitute.org

Martins, Steven R.
Traducción de Adolfo García de la Sienra
Publicado por Cántaro Publications, un sello editorial del
Cántaro Institute, Jordan Station, Ontario, Canadá.

© 2022, 2025 por Cántaro Institute. Todos los derechos reservados. Excepto por breves citas en publicaciones o reseñas críticas, ninguna parte de este libro puede reproducirse de ninguna manera sin el consentimiento previo por escrito de los editores.
Diseño del libro: Cántaro Institute
Biblioteca y Archivos de Canadá
ISBN: 978-1-998711-47-5
Impreso en los Estados Unidos de América.

HACIA UN ENTENDIMIENTO CRISTIANO: LA BÚSQUEDA DE UNA FILOSOFÍA CRISTIANA

STEVEN R. MARTINS

Traducción de
Adolfo García de la Sienra

A mi tercer hijo, Nehemías Agustín,
que el Señor Dios te guíe en toda verdad.

CONTENIDO

CAPÍTULO 3

REALIDAD CREACIONAL, SOBERANÍA DE ESFERA Y ASPECTOS MODALES

CAPÍTULO 4

DIOS, CREACIÓN Y LEY CREACIONAL

CAPÍTULO 5

LA VITALIDAD DE UNA COMPRENSIÓN CRISTIANA PARA LA VIDA CRISTIANA

PRÓLOGO

Escrito en un inglés ágil pero con el estilo característicamente denso de las oraciones en español, este libro presenta, de manera muy compacta aunque completa, lo esencial de la filosofía de la idea de la ley, también conocida como Filosofía Reformacional (FR). No cabe duda de que cumple su objetivo, a saber, «introducirte a una filosofía que toma al Dios del teísmo cristiano como punto de partida último de todo pensamiento, una filosofía que es distintivamente cristiana, libre de la influencia pagana de los sistemas de este mundo caído». Este libro debe verse como una introducción a la filosofía cristiana, que ayuda a quienes descubren el rico tesoro de la FR a familiarizarse con sus principios y su método.

Como es común entre los hispanoamericanos bien formados, el trasfondo original de Martins era escolástico, puesto que Hispanoamérica se construyó sobre los cimientos del pensamiento escolástico, tanto tomista como suareciano.[1] Pero la influencia del jesuita Francisco Suárez (en particular) no es ajena a la historia del calvinismo neerlandés. Hasta aproximadamente la época de la Paz de Westfalia, los calvinistas neerlandeses también eran formados en la filosofía de Suárez, pues las *Disputationes metaphysicae* del filósofo español constituían la propedéutica estándar para la teología

---

[1] Cf. García de la Sienra, A., y L. Rodríguez Medina (2012), «Hispanic-American Philosophy. In the Fringes of the Empire», en K. Brzechczyn y K. Paprzycka (eds.), *Thinking About Provincialism in Thinking* (Poznan Studies in the Philosophy of the Sciences and the Humanities, 100). Ámsterdam/Nueva York: Rodopi.

reformada en los Países Bajos.[2] De hecho, el célebre poeta
neerlandés Jacob Revius publicó en 1644 un compendio, *Suarez repurgatus*, con el fin de presentar una propedéutica que
él consideraba más adecuada para la teología reformada.[3]
Por lo tanto, es perfectamente natural que alguien formado
en la gran tradición escolástica española haga la transición
hacia una cosmovisión más bíblica y, en concreto, hacia la
FR. Esto es lo que está sucediendo hoy de manera amplia en
Hispanoamérica, donde los estudiantes de teología reformada han encontrado el tesoro de la FR y están realizando una
transición tersa desde su trasfondo previo hacia ella.

La búsqueda de una propedéutica filosófica para la teología que, al mismo tiempo, constituya una teoría filosófica
plenamente desarrollada es común a las tradiciones católica
romana y calvinista; sólo éstas han desarrollado teorías filosóficas monumentales que pretenden tener bases cristianas.
En este libro, Martins presenta una respuesta a esta cuestión
tan importante: ¿por qué una filosofía cristiana es vital para
nuestra vida cristiana? A continuación, trata sobre la naturaleza de la filosofía, la de una filosofía propiamente cristiana,
y por qué es ésta importante para los cristianos.

Desde un punto de vista presuposicionalista, influido por
Cornelius Van Til, Martins explica qué es la fe y cómo da
lugar a una cosmovisión que, a su vez, constituye el punto de
partida de la filosofía. Afirma que nadie puede tener una filosofía sin una cosmovisión previa. Es importante su distinción
entre fe y religión. La fe es una creencia profunda acerca

---

[2] Suárez, F. (1597), *Disputationes metaphysicae*. Salamanca: Imprenta de
Juan y Andrés Renaut.

[3] Revius, J. (1644), *Suarez repurgatus. Sive syllabus disputationum metaphysica-
rum Francisci Suarez. Cum notis*. Leiden: Franciscum Hegerum.

de la naturaleza del Fundamento Último de la realidad, de lo divino (y, añadiría yo: y de la relación correcta con ello), y por tanto es necesariamente religiosa. La manera en que Martins ve la relación entre fe y filosofía es la siguiente:

> En resumen, todo conocimiento científico (teórico) está arraigado en la filosofía (o las convicciones filosóficas) de una persona, la madre de todas las ciencias, que a su vez está arraigada en la cosmovisión de la persona, y esa cosmovisión está arraigada en la fe de la persona (convicción suprarracional), que por definición es de naturaleza religiosa.

En el segundo capítulo, Martins introduce a Herman Dooyeweerd, quien es el primer filósofo en la historia de la disciplina que propuso un enfoque cristiano novedoso y no escolástico. En los tres capítulos restantes, Martins presenta de forma concisa pero completa los principales elementos de la filosofía de Dooyeweerd. El libro es una excelente introducción a esta escuela de pensamiento en crecimiento, pues explica los conceptos de la FR de manera muy clara. Es particularmente destacable su exposición de la revelación general y especial, así como su discusión sobre las modalidades matemáticas; pero el lector seguramente encontrará en este libro una exposición muy convincente y sistemática de la FR.

Adolfo García de la Sienra
Universidad Veracruzana
Xalapa, Veracruz
México

INTRODUCCIÓN

El pequeño libro que tienes en tus manos es el humilde esfuerzo de un pensador y estudiante cristiano entregado a la tarea de introducirte a un tipo de entendimiento que, en su mayor parte, ha sido ampliamente descuidado o considerado ajeno por muchos en la iglesia, tanto en el pasado como en el presente. Por «entendimiento» me refiero a una comprensión de la creación —de toda la realidad, visible e invisible— y, más en concreto, a una comprensión cristiana. Tal vez hasta aquí estés de acuerdo conmigo, pero te ruego que sigas leyendo después de la siguiente aclaración: por «comprensión de la creación» (o de la realidad cósmica) no entiendo una comprensión teológica. Más bien, me refiero a una comprensión filosófica cristiana —o, dicho más sencillamente, a una filosofía cristiana.

¿Cristiana? ¿Filosofía? Rara vez oímos esas dos palabras juntas, y cuando lo hacemos suele ser en referencia a los escolásticos medievales de la Iglesia católica romana o a ciertos apologetas históricos que se limitan a repetir los argumentos filosóficos de los antiguos. Pero no me refiero a la escolástica, ni tampoco a la filosofía promovida por William Lane Craig (n. 1949), quien ha atraído a muchos como supuesto filósofo cristiano. En lo que respecta a la escolástica, no tengo intención de presentar un sistema de pensamiento que sitúe el conocimiento natural del ser humano al mismo nivel que la revelación divina de Dios. Y en lo que respecta a Craig, no tengo intención de ofrecer una filosofía que no esté informada por la revelación divina de Dios ni la presuponga (¡mis

1

disculpas a todos los racionalistas cristianos!).[4] No es que no haya nada de valor en los escritos de Sócrates, Platón, Aristóteles y similares —o incluso en las enseñanzas de Craig—. Más bien, el problema es que sus sistemas filosóficos en su conjunto son fundamentalmente defectuosos: carecen del punto de partida último correcto en el plano epistemológico, del fundamento mismo que permite ver la realidad tal como es y, por tanto, interpretarla de un modo coherente con la revelación divina de Dios. Mi objetivo, entonces, es introducirte a una filosofía que toma al Dios del teísmo cristiano como punto de partida último de todo pensamiento, una filosofía que es distintivamente cristiana, libre de la influencia pagana de los sistemas de este mundo caído.

Siendo de ascendencia iberoamericana, mi manera de pensar quedó profundamente moldeada por el enfoque escolástico durante mi crianza. Cuando deseaba aprender acerca de Dios —mi salvación personal, mi santificación y todo lo relacionado con lo espiritual— recurría instintivamente a mi Biblia y a los escritos y enseñanzas de teólogos cristianos. Pero cuando quería aprender acerca del mundo en general, me dirigía a los filósofos de la antigua Grecia y seguía un camino que conducía a la Ilustración. Era como si viviera en dos ámbitos separados: el ámbito de la gracia y el ámbito de

---

[4] Los cristianos pueden ser «racionales», pero no pueden adoptar el «racionalismo» y seguir siendo coherentes con su cosmovisión bíblica. Esta postura epistemológica eleva la razón (¿y qué es eso, en todo caso?; el concepto abstracto de «razón» no es lo mismo que «entendimiento») como fuente y criterio supremo del conocimiento, ocupando de hecho el lugar de Dios como autoridad última para todo conocer. Véase H. Evan Runner, *Walking in the Way of the Word: The Collected Writings of H. Evan Runner*, comp. Kerry J. Hollingsworth (Grand Rapids, MI: The Reformational Publishing Project, 2009), 60.

la naturaleza. Cuando por fin reconocí que estos dos ámbitos eran, en su mayor parte, irreconciliables —que no podía alinear lo que leía en las Escrituras con lo que encontraba en el mundo académico—, intenté resolver la tensión cometiendo un grave error: elevar la teología al rango de reina de las ciencias.

Ansiaba una comprensión del mundo coherente y fiel a la Biblia. Sin embargo, al forzar a la teología a que respondiera a preguntas filosóficas, generaba más preguntas y, por lo tanto, una mayor confusión. Pronto aprendí que la Biblia no fue dada por Dios para servir como manual de texto para las empresas científicas de la humanidad. Aun así, la alternativa —desentenderse por completo de la Biblia— me parecía igualmente insostenible. Mi dilema estaba claro: lo que había leído y aprendido en la Palabra de Dios no correspondía ni se alineaba con lo que estaba experimentando y aprendiendo en el mundo. Algo tenía que ceder. Y, te preguntarás, ¿qué era lo que tenía que ceder? Tal vez te sorprenda la respuesta: mi comprensión truncada del evangelio.

Durante la mayor parte de mi formación espiritual, me habían enseñado que el evangelio no era mucho más que la salvación de nuestras almas del infierno y del juicio por la gracia de Dios. Aunque creía que Jesús era mi Señor y Salvador, aún no captaba las implicaciones de amplio alcance de su título «Señor» (gr. *Kurios*) ni cómo se relaciona con su título «Salvador». Mi comprensión era, en su mayor parte, incompleta. Cuando descubrí el significado bíblico del señorío de Cristo —no como un reinado milenial lejano, ni meramente como una realidad espiritual, sino como su soberanía presente sobre toda la creación—, de pronto se me abrieron los ojos.

Si Jesús es Señor de toda la creación, si reina incluso ahora, si el milenio simboliza la era de la iglesia (véase el libro vigésimo de san Agustín, *La ciudad de Dios*), entonces la salvación no puede limitarse simplemente a nuestro rescate espiritual individual; debe extenderse a la totalidad del orden creado. La promesa del evangelio de redención y renovación cobró una claridad renovada. Y, con una comprensión más plena del señorío de Cristo, comencé a ver que nada queda fuera de su dominio, incluida la filosofía misma.

Los cuatro acontecimientos más memorables de mi vida han sido (i) mi salvación, (ii) mi matrimonio con mi esposa, Cindy, (iii) el nacimiento de nuestros hijos —Matthias, Timothy, Nehemías y Raquel— y (iv) mi descubrimiento de cómo mi fe en Cristo se relaciona con cada esfera de la vida. En cuanto al cuarto, el Señor Dios, según su divina providencia, se valió de la disciplina de la apologética para ayudarme a discernir la naturaleza integral del evangelio. Entre quienes han moldeado este camino se encuentran personas que ya estaban con el Señor antes de que mi viaje siquiera comenzara —como Cornelius Van Til, Greg L. Bahnsen y R. J. Rushdoony—, así como otros que aún están entre nosotros, como John M. Frame (a través de sus escritos) y Joseph Boot (mediante su tutela personal).

Al día de hoy, esto sigue siendo para mí, en gran medida, un viaje. Habiendo servido por más de doce años en el ministerio —a veces como apologeta itinerante, otras como escritor y, en la actualidad, como director del Cántaro Institute, gestor de Paideia Press y Cántaro Publications, y pastor fundador de Sevilla Chapel en St. Catharines, Ontario, Canadá— continúo cada día creciendo en mi entendimiento del mundo, de mi lugar en él y del Dios que sostiene todas las cosas en sus manos. Cada día puedo repetir con renovada fuerza las palabras de Abraham Kuyper:

> Ninguna pieza aislada de nuestro mundo mental debe quedar herméticamente sellada del resto, y no hay ni una sola pulgada cuadrada en todo el dominio de nuestra existencia humana sobre la cual Cristo, que es Soberano sobre todo, no exclame: ¡Mía![5]

Por lo tanto, he escrito este libro para ayudarte a descubrir lo que yo mismo sigo descubriendo —algo que probablemente será una tarea de toda la vida—. No escribo como alguien que ha dominado la filosofía cristiana —¡ni mucho menos!—, pero tampoco sigo siendo alguien que ha quedado en la oscuridad. Soy un estudiante y seguiré siéndolo hasta el día en que muera. Considérame, entonces, como un estudiante devoto que invita a otro estudiante —o como un explorador que invita a otro explorador— a unirse a mí en este viaje de descubrimiento de la filosofía cristiana.

Al seguir leyendo, notarás que soy, sin tapujos, presuposicionalista en mi apologética. Esto se debe a que no creo que uno pueda ser evidencialista o racionalista y, al mismo tiempo, mantener de forma coherente una filosofía cristiana. El único camino posible es el presuposicional. Si no estás de acuerdo, que eso no te disuada de leer este libro; te ruego que consideres lo que tengo que decir al respecto cuando aborde el tema en el segundo capítulo.

¿Qué puedes esperar de este libro, entonces? En el primer capítulo me propongo responder a la pregunta «¿Qué es la

---

[5] Abraham Kuyper, discurso inaugural de la Universidad Libre de Ámsterdam, 20 de octubre de 1880, citado en *Abraham Kuyper: A Centennial Reader*, comp. James D. Bratt (Grand Rapids: Eerdmans, 1998), 488.

filosofía?» y si realmente puede existir algo así como una filosofía cristiana. En el segundo capítulo presento la figura que primero desarrolló y articuló una filosofía distintivamente cristiana en los Países Bajos —Herman Dooyeweerd— y explico cómo pueden entenderse los filósofos del pasado a la luz de su obra. En el tercer capítulo, busco responder a la pregunta «¿qué es una visión (o comprensión) distintivamente cristiana de la realidad creacional o cósmica?». El cuarto capítulo explora cómo debemos entender el orden nómico de la realidad creacional (cósmica). Finalmente, en el quinto capítulo, abordo quizás la pregunta más importante de todas: «¿Por qué una filosofía cristiana es vital para nuestra vida cristiana?». De hecho, este capítulo puede considerarse el eje central de todo el libro; sin él, los capítulos precedentes no pueden entenderse plenamente.

Al avanzar en la lectura, notarás que este pequeño libro no fue escrito como un manual de texto sobre filosofía cristiana —ni jamás tuvo esa intención—. Por esta razón, muchos de los aspectos más intrincados de la filosofía de Dooyeweerd no se tratan aquí. Más bien, este libro está pensado como una introducción a la filosofía cristiana, un lugar donde algunos de ustedes pueden comenzar su propio camino hacia el desarrollo de una comprensión cristiana de la realidad creacional (cósmica). Así pues, si al final de este libro he logrado despertar tu interés y motivarte a estudiar con mayor profundidad bajo la guía de las grandes mentes de la filosofía cristiana, pasadas y presentes, entonces esta publicación habrá cumplido su propósito.

Soli Deo Gloria

Steven R. Martins
Niágara, Ontario, 2021

CAPÍTULO 1

LA BÚSQUEDA DE UNA FILOSOFÍA CRISTIANA

1.1. ¿Qué es la filosofía?

Cuando oímos el término «filosofía», nuestros primeros pensamientos suelen dirigirse a los pensadores griegos antiguos —Sócrates, Platón, Aristóteles e incluso los llamados «filósofos menores»—. Si estás menos familiarizado con el pensamiento griego antiguo y más con el mundo corporativo, quizá pienses en cambio en la filosofía empresarial, la filosofía política o la «forma general de hacer las cosas» de una compañía. Cuando un portavoz corporativo o un funcionario del gobierno se refiere a su «filosofía», normalmente está hablando de cómo hacen las cosas y, quizá, del porqué. Aunque el término ciertamente puede usarse en estos contextos, tales referencias aportan poco para aclarar qué es realmente la filosofía.

Los filósofos griegos antiguos se acercan algo más a la cuestión. Históricamente, fueron célebres por sus indagaciones filosóficas, y aun hoy la palabra «filosofía» evoca de inmediato a la antigua Grecia. Sin embargo, aunque leyéramos detenidamente a los filósofos griegos, *no llegaríamos* a una definición clara y universal de filosofía. Entonces, ¿qué es la filosofía?

La filosofía es una empresa teórica; es una ciencia. Como ha dicho un estudioso, la filosofía es «la disciplina de las disciplinas»,[1] y, según otro, es «la madre de todas las ciencias».[2] Aunque la filosofía ciertamente puede examinarse de otras maneras —incluida la práctica, como se mencionó antes en los ejemplos corporativos y políticos—, nuestro interés aquí es principalmente la filosofía como *ciencia*. Y cuando uso el término «ciencia», lo empleo en el sentido amplio de la palabra: no limitado a las ciencias naturales, sino extendido a las humanidades, incluida la teología misma.

Cuando hacemos preguntas como «¿Qué es la filosofía?», «¿Qué hace de la filosofía una ciencia?», «¿Qué es la ciencia?» y «¿En qué se diferencia la filosofía, como empresa teórica, de lo que podríamos llamar conocimiento práctico?», en realidad ya estamos involucrados en la filosofía: estamos *filosofando*. Tal vez pienses que ese filosofar es irrelevante o innecesario para la vida diaria y, con el progresivo deterioro del clima intelectual de Occidente, la mayoría en nuestra sociedad probablemente estaría de acuerdo contigo. Sin embargo, la filosofía es profundamente relevante —de hecho, necesaria— para la vida diaria. En realidad, es ineludible. Volveré a este punto en breve. Pero antes hay una pregunta de seguimiento a «¿qué *es* la filosofía?».

1.2. ¿Existe algo así como una filosofía cristiana?

¿Existe algo como una filosofía *cristiana*? La idea misma choca con lo que estamos acostumbrados en nuestro llamado mundo «secular». Sería como preguntar si un cocinero de comida rápida podría ser un cocinero de comida rápida

---

[1] Véase D. F. M. Strauss, *Philosophy: The Discipline of the Disciplines* (Jordan Station, ON.: Paideia Press, 2021), 59.

[2] Véase Willem J. Ouweneel, *Sabiduría para los pensadores: una introducción a la filosofía cristiana* (Jordan Station, ON.: Paideia Press, 2021), 1.

cristiano, en el sentido de que hubiera un *modo distintivamente cristiano* de freír alimentos, o si un profesional de la medicina podría ser un profesional de la medicina *cristiano*. La división artificial entre lo sagrado y lo secular que nuestra cultura ha abrazado nos deja rascándonos la cabeza, esforzándonos por imaginar si tales cosas podrían siquiera existir.

En el pensamiento moderno, la «religión» o las «creencias religiosas» se reservan supuestamente para la esfera *privada* de la vida. Así, plantear la idea de una filosofía *cristiana* —una empresa teórica *cristiana*— parece, para muchos, mezclar el agua con el aceite, especialmente cuando se da por sentado que la filosofía pertenece a la esfera *pública*. Pero esta comprensión es falsa precisamente porque es artificial. Es decir, se trata de una división, un dualismo, inventado por la mente humana e impuesto a la sociedad occidental. Al ser artificial y no real, fracasa en ofrecer un relato verdadero del mundo y de nuestra actividad en él.[3] Como veremos, la noción de *neutralidad* religiosa —la pretensión de una comprensión objetiva e imparcial que subyace a la actual división entre lo sagrado y lo secular— es imposible tanto en teoría como en la práctica.

1.3. ¿Por qué importa la filosofía, o la filosofía cristiana?

Como he mencionado, todos estamos comprometidos, de un modo u otro, en *filosofar*. Tomemos el ejemplo de los arquitectos. Tienen que estudiar arquitectura para poder cumplir sus tareas como tales. ¿Cómo se podría construir, si no, una casa de tres plantas o un edificio escolar sin un diseño arquitectónico? Hay, después de todo, una clara diferencia

---

[3] Véase Mark L. Ward, *Biblical Worldview: Creation, Fall, Redemption* (Greenville, SC.: BJU Press, 2016), 34–36.

entre un arquitecto formado y un obrero general que intenta trazar y construir algo por cuenta propia. Una empresa de construcción no contratará a cualquiera como arquitecto, sino a alguien bien versado en las ciencias que informan la arquitectura.

Un arquitecto normalmente habrá estudiado matemáticas —incluida la geometría, el álgebra, la trigonometría y el cálculo—, así como física, ingeniería, informática y arte. Pero, ¿alguna vez alguien, ya sea el arquitecto o la empresa que lo contrata, se ha preguntado qué hace que estas ciencias sean «científicas»? ¿Por qué se las denomina «ciencias»? ¿Y en qué difiere el conocimiento del arquitecto de los conocimientos prácticos del obrero general? Si piensas que estas son preguntas «arquitectónicas», quizá te sorprenda saber que *no* lo son; son, de hecho, preguntas *filosóficas*.

Debido a que el diseño arquitectónico está estrechamente vinculado a las matemáticas, la física y la ingeniería, por un lado, y a las ciencias culturales, por otro, en última instancia se fundamenta tanto en (i) la filosofía de la naturaleza como en (ii) la filosofía de la cultura.[4]

Sea cual sea el tipo de ciencia que uno elija practicar —ya sea natural, cultural o humana—, si quiere hacerlo bien, no puede evitar plantearse las preguntas más fundamentales: ¿qué es la ciencia? ¿qué es la naturaleza? ¿qué es la cultura? ¿qué es el ser humano? En suma, las preguntas del tipo «¿qué es...?». Estas cuestiones son inevitables para cualquiera que desee abordar las ciencias naturales, culturales o humanas con *rigor* e *integridad*. ¿Cómo podría, por ejemplo, un arquitecto trazar planos de construcción si ni siquiera sabe qué

---

[4] Ouweneel, *Sabiduría para los pensadores*, 4.

es un edificio, qué son los planos o qué significa el propio concepto de diseño?

Es cierto que el arquitecto sigue adelante con su trabajo, haya reflexionado filosóficamente sobre estos asuntos o no, y esto se debe a que ya lleva alguna noción implícita de ellos en el trasfondo de su mente. No es, al fin y al cabo, completamente ignorante —de otro modo, nunca habría llegado a ser arquitecto—. Sin embargo, aunque la arquitectura ciertamente puede explicar aspectos relacionados consigo misma, no puede explicar su propia naturaleza. La arquitectura es tanto el arte como la ciencia de diseñar edificios y estructuras, pero, para dar cuenta de su naturaleza, necesitamos otra ciencia: la ciencia de las ciencias, la disciplina de las disciplinas: la filosofía.

Si queremos entender correctamente la arquitectura, primero debemos preguntar «¿qué es la ciencia?» y sólo entonces «¿qué son los fenómenos arquitectónicos?».[5] Ya sea con una pregunta o con la otra, estás practicando filosofía, y así la filosofía se revela como algo ineludible, inevitable.

1.4. Cosmovisiones, creencias y fe

Todavía nos queda camino por recorrer en la comprensión de lo que es la filosofía. Si la filosofía es realmente una ciencia —la madre de todas las ciencias—, primero debemos entender

---

[5] Definidos como «la manipulación del espacio, el material y la luz y la sombra para crear un encuentro memorable mediante un impacto sobre los sentidos humanos...» en *Theory of Phenomenology: Analyzing Substance, Application, and Influence*, The University of Kansas [sin fecha]. Consultado el 28 de septiembre de 2021, https://cte.ku.edu/sites/cte.drupal.ku.edu/files/docs/portfolios/kraus/-essay2.pdf.

qué significa «ciencia». La ciencia es una forma teórica (y por tanto especializada) de conocimiento, lo cual la sitúa dentro del campo más amplio que llamamos «epistemología», o filosofía del conocimiento. Ésta es la primera de las tres disciplinas centrales de la filosofía y se ocupa de cómo sabemos lo que sabemos y, por supuesto, de qué es el propio conocimiento.

Las otras dos disciplinas son la metafísica y la ética. Algunos filósofos prefieren el término «ontología» en lugar de «metafísica», refiriéndose a la filosofía del *ser* —de todo lo que existe, la totalidad del cosmos creado—. Por su parte, la ética puede entenderse como la filosofía de los principios morales: lo que es moralmente bueno y malo, correcto e incorrecto.

Si estás familiarizado con Cornelius Van Til (1895–1987) y sus sucesores Greg L. Bahnsen (1948–1995) y John M. Frame (n. 1939), recordarás que estos tres aspectos —epistemología, metafísica y ética— ocupan un lugar destacado en sus escritos como componentes de la filosofía cristiana de la vida, o lo que a menudo llamamos la cosmovisión cristiana.[6] Algunos filósofos han defendido la epistemología y la metafísica/ontología excluyendo la ética de su comprensión de la filosofía. Yo, sin embargo, no puedo sino afirmar las tres, adoptando el «triperspectivalismo» propuesto por John M. Frame y Vern S. Poythress. Aunque Immanuel Kant (1724–1804) estuvo ciertamente entre los primeros en argumentar a favor de la inclusión de la ética, prefiero el triperspectivalismo bíblicamente fundamentado de Frame y Poythress, que enfatiza:

---

[6] Véanse Cornelius Van Til, *Christian Apologetics* (Phillipsburg, NJ.: P&R Publishing Company, 2003); Greg L. Bahnsen, *Pushing the Antithesis*, comp. Gary DeMar (Powder Springs, GA.: American Vision, 2007); John M. Frame, *Apologetics: A Justification of Christian Belief* (Phillipsburg, NJ.: P&R Publishing, 2015).

la importancia de un conjunto de distinciones triples, o tríadas... Muchas personas han visto cierto
misterio en el número tres. Pero en la Escritura
hay un patrón generalizado de distinciones triples
que, aunque misteriosas, nos proporcionan una
considerable iluminación... una especie de estructura profunda del universo...[7]

Pero antes de poder empezar a hablar de *cosmovisión*, primero debemos responder a la pregunta «¿qué es la filosofía?».
Con las tres disciplinas de la filosofía ya esbozadas arriba, podemos definirla así:

*La filosofía es la ciencia (o disciplina) de las ciencias (o
disciplinas) —la ciencia fundacional— que busca responder a las preguntas más básicas acerca de:*

1. El conocer (epistemología)

2. El ser (metafísica/ontología)

3. La ética (moralidad).

La razón por la cual la filosofía se considera la *madre* de
todas las ciencias es que se ocupa de la *totalidad* del orden
creado —de la realidad misma—, mientras que las demás
ciencias se centran cada una en parcelas particulares de ese
orden creado, aisladas unas de las otras.[8]

Si, entonces, entendemos la filosofía como la ciencia fundacional (o disciplina) de todas las ciencias (o disciplinas),
inmediatamente nos enfrentamos a la pregunta: ¿sobre qué

---

[7] John M. Frame, «What is Tri-Perspectivalism?», Frame-Poythress. Consultado el 28 de septiembre de 2021, https://frame-poythress.org/what-is-
triperspectivalism/.

[8] Ouweneel, *Sabiduría para los pensadores*, 8.

se fundamenta esta ciencia? No puede fundarse sobre ninguna otra ciencia, porque entonces la filosofía dejaría de ser la ciencia fundacional. Si no se fundamenta en ninguna otra ciencia, ¿en qué lo hace? La respuesta quizá te sorprenda. No es de naturaleza filosófica ni científica. La respuesta es la *cosmovisión* —o, más plenamente, una visión de mundo y de vida.

Una cosmovisión puede definirse como *un sistema de creencias —o una red de presuposiciones— acerca de la epistemología, la metafísica y la ética,* tal como las articulan Van Til, Bahnsen y Frame, mediante las cuales *interpretamos nuestra experiencia humana dentro de la realidad creada por Dios.* Todos tienen una cosmovisión, aunque no todos posean una comprensión de la filosofía. Si bien una persona ciertamente puede tener una cosmovisión sin filosofía (un niño, por ejemplo, la tiene), nadie puede tener filosofía sin una cosmovisión previa.

En este punto, se necesita cierta aclaración respecto a los términos «cosmovisión» y «fe», porque a menudo se confunden o se utiliza uno para anular al otro. Mientras que la filosofía de una persona se fundamenta en su cosmovisión, su cosmovisión se fundamenta en su fe. Es cierto que, cuando alguien se refiere a la fe cristiana, puede estar hablando de la cosmovisión cristiana[9] y, en ese sentido, los términos a veces pueden usarse indistintamente. Pero no es eso lo que quiero decir aquí con «fe». Cuando «fe» y «cosmovisión» se confunden, lo que realmente se está describiendo es la religión cristiana, y sobre el término y la cuestión de la «religión» volveré más adelante.

---

[9] Véase F. L. Cross, comp., *The Oxford Dictionary of the Christian Church*, segunda edición (Toronto, ON.: Oxford University Press, 1974), 499.

Aquí, sin embargo, la fe como fundamento de la cosmovisión no se entiende en términos de una *religión* (o cosmovisión). Aunque nuestra cosmovisión pueda describirse como racional, nuestra fe puede describirse como *supra*rracional —es decir, que trasciende la razón (aunque de ningún modo sea *irracional*)—. Considera esto: la fe que subyace a la cosmovisión de una persona está ciertamente entrelazada con sus afectos, emociones, relaciones sociales y marco lingüístico. Sin embargo, la fe es más que la suma de todo ello; los trasciende, se sitúa por encima y, por tanto, es *supra*rracional.

Pensemos en la persona humana. Somos capaces de funciones físicas, psíquicas, fisiológicas, lógicas, sociales, económicas y morales, por nombrar sólo algunas. Nos movemos, pensamos, comemos, razonamos, conversamos, negociamos, deseamos, actuamos y mucho más. Pero ¿es eso todo lo que somos? ¿Somos simplemente la suma de estas funciones? ¿O somos algo más? Creemos que, en efecto, somos más que nuestras funciones. Quienes somos —nuestro ego, nuestra unidad raíz— es, en última instancia, mayor que la suma de todas estas capacidades.

Si, por lo tanto, mi fe es *supra*rracional con respecto a mis creencias —si se sitúa *más allá* de mis creencias— y si el ego humano mismo está *más allá* de todas nuestras funciones, entonces, como observa el filósofo neerlandés Willem J. Ouweneel, «la fe es una cuestión del ego, de nuestro yo más profundo, más allá del cual no hay nada».[10] ¿Cómo definimos, entonces, la «fe» en este contexto? Es la convicción interior más profunda del ego humano.

Esto explica precisamente por qué la cosmovisión del incrédulo es antitética al cristianismo bíblico. A pesar de

---

[10] Ouweneel, *Sabiduría para los pensadores*, 13.

creer en lo que, en última instancia, no corresponde a la realidad —lo que, de hecho, no puede tener sentido dentro de su propio conjunto de presuposiciones, ya que estas no proporcionan las condiciones previas para la inteligibilidad—, el incrédulo posee, no obstante, una convicción interior profunda que ha sido corrompida por el poder del pecado y, por lo tanto, es siempre antagónica a la verdad (de Dios).

1.5. Distinguir entre fe y religión

El apóstol Pablo escribe que los incrédulos «detienen con injusticia la verdad» (Rom. 1:18b). De ello entendemos que la fe de la humanidad es siempre religiosa o, dicho de otro modo, que la fe «posee una naturaleza religiosa».[11] Aunque el término «religión» pueda usarse en distintos contextos para significar cosas diferentes —en un contexto refiriéndose a una cosmovisión, en otro a una justicia basada en obras—, en este contexto utilizo el término «religión» para significar la fe, la certeza, la confianza que el ser humano deposita en algún Fundamento Último.

Al escribir a la iglesia en Roma, Pablo explicó que la humanidad adora una de dos cosas: o bien al Dios verdadero, o bien algún aspecto del orden creado (Rom. 1:18-23). Así, para algunos, su Fundamento Último puede ser el Dios trino de la Biblia; para otros, puede ser Alá, el dios del islam; los dioses del panteón hindú; o incluso la razón, el empirismo y similares. Para cada persona, el Fundamento Último funciona como el principio fundacional mediante el cual se explica la totalidad del orden creado.

Por esta razón, Van Til y los presuposicionalistas que han seguido su enseñanza afirman en su apologética que «a me-

---

[11] Ouweneel, *Sabiduría para los pensadores*, 14.

nos que Dios esté detrás de todo, no puedes encontrar significado en nada».[12] Esto contrasta de forma marcada con los evidencialistas, que rara vez profundizan más allá del nivel de las creencias y, por tanto, avanzan poco en su diálogo con el mundo incrédulo porque han ignorado en gran medida la importancia fundacional de este Fundamento Último.[13]

Alguien podría objetar que esto no se aplica a él porque no se identifica como religioso. Sin embargo, un ateo es tan religioso como un agnóstico, y un agnóstico tan religioso como un cristiano. El ateo posee la convicción interior profunda de que no hay Dios, así como el agnóstico posee la convicción interior profunda de que la humanidad no puede conocer verdaderamente a Dios; ambas no son, en esencia, tan diferentes del convencimiento interior profundo del cristiano en el Dios de la Biblia. No se trata sólo de *qué* cree uno, sino del hecho de que todos *creemos*.

Todos creemos en algún Fundamento Último —alguna «realidad última» o «parte o principio último de la realidad».[14] A partir de este Fundamento Último supuestamente explicamos el orden creado, discerniendo su significado y propósito. Representa aquello a lo que estamos, en última instancia, comprometidos —lo que podríamos llamar el objeto de la entrega de nuestro corazón—. Digo «supuestamente» no porque el Fundamento Último deje de funcionar como principio fundacional para entender el mundo creado, sino porque el Fundamento Último que uno elige puede, de hecho, fracasar en proporcionar una comprensión correcta y verdadera de ese mundo.

---

[12] Cornelius Van Til, *Why I Believe in God* (Philadelphia: Committee on Christian Education of the Orthodox Presbyterian Church, s. f.), 3.
[13] Ibid.
[14] Ouweneel, *Sabiduría para los pensadores*, 15.

De nuevo, para tomar la expresión de Van Til: si Dios no está detrás de todo —si el Dios trino de la Biblia no es ese Fundamento Último—, entonces entender verdaderamente el orden creado, junto con su significado y propósito, se vuelve absolutamente imposible.[15]

Es necesaria una breve digresión antes de pasar al resumen de lo que hemos visto hasta aquí. Si alguien tiene como Fundamento Último algo *distinto* del Dios trino de la Biblia —el Dios del teísmo cristiano—, esto no significa que sea incapaz de conocer nada en absoluto. Cuando los astrónomos miran el cielo nocturno y examinan la luz que viaja hacia nosotros desde las estrellas —ya sean ateos, agnósticos, cristianos o musulmanes—, todos pueden reconocer que hay estrellas y que su luz nos alcanza. De hecho, saben mucho más que eso: la composición postulada de esas estrellas, las leyes de la física, la velocidad de la luz y así sucesivamente.

Todos podemos llegar a ese tipo de conocimiento. No obstante, conocerlo *verdaderamente* —es decir, entenderlo de veras— es por completo otra cuestión. ¿Cómo da sentido el astrónomo a las leyes de la física? ¿Cómo da cuenta de la inteligibilidad de lo que observa? ¿Cómo explica el hecho de que lo que percibe es luz y no un mero conjunto indiferenciado de datos? ¿Por qué son estas realidades inteligibles para la mente humana en absoluto? Cualesquiera que sean sus respuestas a estas preguntas, revelan su Fundamento Último, y con ello si tal Fundamento Último puede realmente servir como principio fundacional para entender el orden creado.

En resumen, todo conocimiento científico (teórico) está arraigado en la filosofía (o las convicciones filosóficas) de

[15] Véase Greg L. Bahnsen, *The Impossibility of the Contrary* (Powder Springs, GA.: American Vision, 2020).

una persona —la madre de todas las ciencias—, que a su vez se arraiga en la cosmovisión de la persona, y esa cosmovisión está arraigada en la fe de la persona (una convicción *supra*rracional), que por definición es de naturaleza religiosa. Podría expresarlo así: todo, desde nuestro conocimiento científico hasta nuestra cosmovisión, puede entenderse como estructural, mientras que nuestra fe puede entenderse como direccional. En otras palabras, nuestra fe determina la dirección religiosa de nuestra cosmovisión y, por tanto, de nuestra filosofía y de todo nuestro conocimiento científico (teórico).

He evitado referirme a nuestra fe como «estructural» porque es *supra*rracional, a diferencia de nuestra cosmovisión, nuestra filosofía y nuestro conocimiento científico (teórico). Esa dirección —esa orientación religiosa— es una de dos: (i) *vertical*, si está dirigida al Dios trino de la Biblia, o (ii) *horizontal*, si está dirigida hacia algún aspecto del orden creado o dentro de él (véase la Figura 1).

Con esta comprensión podemos apreciar mejor el eslogan que resume la enseñanza del filósofo H. Evan Runner (1916–2002): «La vida es religión».[16] Como observa Al Wolters, alumno de Runner: «Todo aspecto de la vida humana está al servicio del verdadero Dios de la religión bíblica o de algún sustituto o ídolo. No hay un terreno religiosamente neutral».[17]

---

[16] Véase H. Evan Runner, *The Collected Works of H. Evan Runner*, vols. I–IV, ed. Kerry J. Hollingsworth y Steven R. Martins (Jordan Station, ON.: Paideia Press, 2021).

[17] Al Wolters, «The Importance of H. Evan Runner», *Cardus*. Consultado el 30 de septiembre de 2021, https://www.cardus.ca/comment/article/the-importance-of-h-evan-runner-1/.

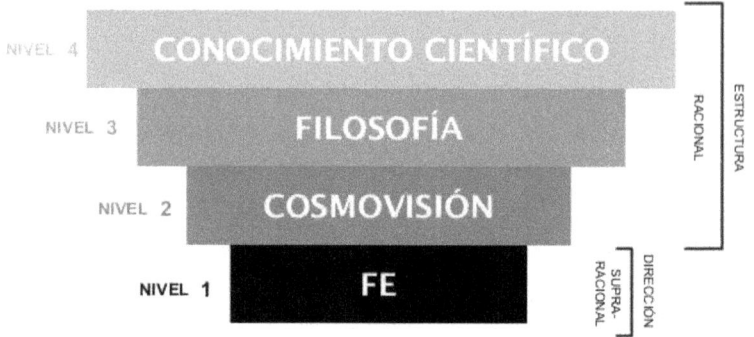

Figura 1

1.6. Volviendo de nuevo a la filosofía cristiana

Si, por tanto, no existe un terreno religiosamente neutral y si nuestra filosofía se arraiga en nuestra cosmovisión, la cual a su vez se arraiga en nuestra fe —y la fe es por naturaleza religiosa—, entonces no puede existir algo así como una filosofía religiosamente neutral. La filosofía de los griegos, tanto si la fundamentaban explícitamente en el panteón griego como si no, era sin embargo religiosa por naturaleza. Los filósofos del pasado y del presente son religiosos, por mucho que lo nieguen con vehemencia. Porque ser no religioso equivaldría a carecer de fe por completo, y sin alguna creencia fundacional el pensamiento mismo no podría existir.

Esta constatación sienta las bases para entender cómo puede haber, en efecto, una filosofía cristiana. Sin embargo, desde el principio debe afirmarse con toda claridad que el simple hecho de afirmar ser cristiano no implica automáticamente sostener una filosofía cristiana (recuerda a William Lane Craig en la Introducción). Muchos han absorbido inconscientemente la división artificial entre lo sagrado y lo secular en uno u otro nivel. Incluso si una persona se esfuerza por vivir la totalidad de la vida al servicio de Dios, no se sigue de ello que su filosofía sea realmente cristiana; aún puede estar comprometida con síntesis paganas o con convicciones filosóficas con una orientación religiosa horizontal.

Algunos pueden suponer que una filosofía cristiana puede construirse directamente sobre la Biblia. Pero, como advierte Willem J. Ouweneel, «una filosofía cristiana no significa una filosofía bíblica».[18]

La Biblia, como Palabra inspirada de Dios, no es un manual de ciencia, ni debe tratarse como tal. Afirmar la *Sola Scriptura* no es sostener que la Biblia contiene información sobre todos los temas en un sentido literal o técnico. Un médico, por ejemplo, no recurrirá a la Escritura para aprender a realizar una cirugía de corazón. Más bien, afirmar la *Sola Scriptura* es sostener que la Biblia es la autoridad última para todo conocimiento y, por tanto, puede invocarse como tal.

De este modo, un médico puede acudir a la Escritura para entender su relación con Dios, su responsabilidad hacia el paciente y sus deberes no sólo como profesional de la medicina, sino también como ser humano creado a imagen de Dios, en *cada* función que desempeña. Es gracias a la Biblia que puede tener una comprensión coherente del mundo creado y de su lugar dentro de él.

En este sentido, podemos entender que la Biblia sirve como *punto de referencia último* para nuestro conocimiento. Como Palabra de Dios inspirada divinamente, nos proporciona los parámetros mediante los cuales interpretamos el mundo o, dicho de otro modo, nos da los bloques de construcción para una cosmovisión cristiana. Como escribe Ouweneel:

---

[18] Ouweneel, *Sabiduría para los pensadores*, 21.

[La Biblia] se interesa por nuestros asuntos diarios, habla el lenguaje de la fe. Como tal, no aborda los problemas teóricos típicos de la ciencia. Pero indirectamente, a través de nuestra cosmovisión cristiana, sí influye de manera decisiva en las ciencias, incluida la filosofía.[19]

¿De dónde derivamos, entonces, una filosofía *cristiana*? De una cosmovisión distintivamente *cristiana*. No obstante, te agradará saber que, para una empresa teórica de este tipo, no tenemos que empezar completamente desde cero. Aunque cada uno de nosotros deba desarrollar su propia filosofía *cristiana* —en el sentido de aprenderla y apropiársela—, no nos lanzan al fondo de la piscina sin guía. Otros nos han precedido y no sólo han desarrollado, sino también avanzado una empresa teórica *cristiana*, una filosofía *cristiana*.

El más notable de ellos fue el contemporáneo de Cornelius Van Til, el estudioso al que se atribuye haber inaugurado y desarrollado una *filosofía* distintivamente cristiana y *reformacional*: Herman Dooyeweerd (1894–1977), a quien un admirador describió como «el filósofo más original que Holanda ha producido, sin excluir siquiera a Spinoza».[20]

---

[19] Ouweneel, *Wisdom for Thinkers*, 15.

[20] Prof. G. E. Langemeijer (ex Fiscal General del Tribunal de Apelación neerlandés y ex presidente de la Real Academia Neerlandesa de Ciencias —no cristiano—, 1965).

CAPÍTULO 2

HERMAN DOOYEWEERD, FILOSOFÍA Y MOTIVOS BÁSICOS

2.1. Herman Dooyeweerd

¿Quién es Herman Dooyeweerd (1894-1977)? Se han escrito varios libros sobre la vida de Dooyeweerd como académico y filósofo. El más completo es el del historiador Marcel Verburg, del Ministerio neerlandés de Seguridad y Justicia, quien escribió la biografía intelectual *Herman Dooyeweerd: The Life and Work of a Christian Philosopher*.[1]

Una introducción significativamente más breve puede encontrarse en *The Philosophy of Herman Dooyeweerd* de D. F. M. Strauss.[2] Con el paso de las generaciones, Dooyeweerd ha llegado a ser más ampliamente reconocido como uno de los grandes pensadores cristianos de la era moderna.

Dooyeweerd fue un filósofo neerlandés y profesor de filosofía del Derecho en la Universidad Libre de Ámsterdam. Nacido de padres reformados (calvinistas) en Ámsterdam, fue profundamente influido por la vida y la obra de Abraham Kuyper (1837-1920), teólogo, estadista y periodista neerlandés. Todos los escritos de Dooyeweerd traducidos al inglés

---

[1] Véase Marcel E. Verburg, *Herman Dooyeweerd: The Life and Work of a Christian Philosopher* (Jordan Station, ON.: Paideia Press, 2015); Jonathan Chaplin, *Herman Dooyeweerd: Christian Philosopher of State and Civil Society* (Notre Dame, IN.: University of Notre Dame Press, 2011).

[2] Véase D. F. M. Strauss, *The Philosophy of Herman Dooyeweerd* (Jordan Station, ON.: Paideia Press, 2021), 5-9, 107-108.

han sido publicados y puestos a disposición por Paideia Press dentro de su "Reformational Publishing Project", que busca editar las mejores obras de los colegas, estudiantes y seguidores de Dooyeweerd.

Aunque escribió muchos libros a lo largo de su prolífica carrera, sus obras más influyentes incluyen *A New Critique of Theoretical Thought* (publicada originalmente en neerlandés bajo el título *De wijsbegeerte der wetsidee*; *The Philosophy of the Law-Idea*), *In the Twilight of Western Thought* y *Roots of Western Culture*. Estas, junto con otros títulos, ponen de manifiesto la profundidad de su filosofía reformacional. Al momento de escribir estas líneas, varias de sus obras en neerlandés aún se encuentran en proceso de traducción al inglés.

Dooyeweerd no es la única figura en el desarrollo de una filosofía distintivamente *cristiana*, o empresa teórica *cristiana*, pero se le considera el *filósofo fundador* en el sentido de que, sin Dooyeweerd, no estaríamos aquí tratando un sistema filosófico cristiano tan avanzado. Otras figuras notables, cuyo pensamiento discurre en líneas generalmente similares a las de Dooyeweerd, fueron: Dirk H. Th. Vollenhoven (1892–1978),[3] cuñado de Dooyeweerd y profesor de filosofía en la Universidad Libre; Hendrik G. Stoker (1899–1993)[4] de la Universidad de Potchefstroom (Sudáfrica); Hendrik van Riessen (1911–2000)[5] de la Universidad Libre; Andree Troost

---

[3] Véase Dirk H. Th. Vollenhoven, *Introduction to Philosophy* (Sioux Center, Iowa: Dordt Coll. Pr., 2005).

[4] Véase Hendrik G. Stoker, *Conscience: Phenomena and Theories* (Notre Dame, IN.: Notre Dame University Press, 2018).

[5] Véase Hendrik van Riessen, *The Society of the Future* (Phillipsburg, NJ.: Presbyterian and Reformed Publishing Co., 1957).

(1916–2009)[6] de la Universidad Erasmus de Róterdam; y H. Evan Runner (1916–2002)[7] del Calvin College (Grand Rapids, Michigan, EE. UU.). El enfoque de esta publicación se mantendrá, en términos generales, en los aspectos básicos de la filosofía *cristiana* de Dooyeweerd. Sin embargo, debe subrayarse que aquí no se pretende ofrecer una comprensión exhaustiva de su complejo sistema filosófico ni abarcar la *totalidad* de lo que enseñó. Se trata, más bien, de un punto de partida para el lego: mojarse los pies, por así decirlo, antes de sumergirse más profundamente en esta maravillosa tradición filosófica. Para quienes deseen profundizar, *hay* varias obras que conviene considerar, como las de Troost, Runner, Roy Clouser (n. 1937)[8] y D. F. M. Strauss (n. 1946),[9] quien es, posiblemente, el principal estudioso de Dooyeweerd vivo en la actualidad.

2.2. Filosofía y la Iglesia

En el capítulo anterior me referí a los filósofos griegos antiguos como aquellos que se asocian más comúnmente en nuestra mente con el término «filosofía». Sin embargo, ellos

---

[6] Véase Andree Troost, *What is Reformational Philosophy?: An Introduction to the Cosmonomic Philosophy of Herman Dooyeweerd* (Jordan Station, ON.: Paideia Press, 2012).

[7] Véase H. Evan Runner, *The Collected Works of H. Evan Runner*, vols. I–IV (Jordan Station, ON.: Paideia Press, 2021).

[8] Véase Roy A. Clouser, *Knowing with the Heart: Religious Experience and Belief in God* (USA: Wipf & Stock, 2007); *The Myth of Religious Neutrality, Revised Edition: An Essay on the Hidden Role of Religious Belief in Theories* (Notre Dame, IN.: Notre Dame University Press, 2005).

[9] Véase D. F. M. Strauss, *Philosophy: Discipline of the Disciplines* (Jordan Station, ON.: Paideia Press, 2021); *Being Human in God's World* (Jordan Station, ON.: Paideia Press, 2020).

no fueron los primeros en ser considerados *amantes de la sabiduría*. Al fin y al cabo, el término «filosofía» proviene de las palabras griegas *philos* (amigo, amante) y *sophia* (sabiduría). Como ha señalado un filósofo, «la filosofía es el amor a la sabiduría y, más importante aún, el filósofo es el amigo o, mejor dicho, el amante de la sabiduría».[10]

Al contemplar la naturaleza del conocimiento (epistemología) y la búsqueda humana del mismo (la búsqueda de la «sabiduría»), podemos discernir en la antigüedad una especie de progresión en la manera en que la gente procuraba adquirir conocimiento. Podemos distinguir, en términos generales, entre los «visionarios» y quienes les sucedieron, los «pensadores».[11] Por ejemplo, los antiguos egipcios interpretaban los acontecimientos del mundo creado por medio de las acciones de los dioses, mediadas por sus sacerdotes y místicos —los visionarios—. Vemos patrones similares entre otros pueblos paganos de la antigüedad, como Babilonia y Asiria.

Entre los antiguos griegos, sin embargo, tuvo lugar un cambio significativo. Mientras figuras como Homero y Hesíodo atribuían igualmente los eventos del mundo creado al mundo de los dioses, con el tiempo surgieron pensadores como Platón y Aristóteles. En lugar de derivar el conocimiento de interpretaciones espirituales, especulaciones o mediaciones divinas, estos pensadores comenzaron a derivar el conocimiento (o «sabiduría») del intelecto humano mismo.

Dicho de forma más sencilla, el conocimiento —o la sabiduría— se buscó primero *fuera* del hombre, pero más tarde

---

[10] Alfred J. Freddoso, "Plato (428BC–348BC)", University of Notre Dame. Consultado el 4 de octubre de 2021, https://www3.nd.edu/ afreddos/courses/intro/platoin.htm/.

[11] Véase Willem J. Ouweneel, *Sabiduría para los pensadores: Una introducción a la filosofía cristiana* (Jordan Station, ON.: Paideia Press, 2014), 33-37.

dio paso a la búsqueda del conocimiento *dentro* del hombre. Sin embargo, aun cuando somos testigos de esta progresión en el pensamiento antiguo, el *lugar* del punto de partida último del hombre sigue siendo él mismo. El egipcio puede atribuir la salida y la puesta del sol al dios-sol Ra (o Re),[12] y así parecer derivar su conocimiento de algo *externo* a sí mismo —a través de lo que ve o de las declaraciones de sacerdotes y místicos—, pero en realidad él ha *decidido* que ésa es la interpretación correcta de lo que ve. De este modo, permanece como su propia autoridad epistémica, exactamente igual que encontramos después entre los *pensadores* griegos.

¿Cómo debemos entender esto? Podríamos decir simplemente que, aunque el hombre en un principio buscó la sabiduría *fuera* de sí (como «visionario») antes de buscarla *dentro* de sí (como «pensador»), desde el principio ha mantenido su *autonomía radical* —más concretamente, desde la caída del hombre. Por «autonomía radical» entendemos la afirmación de independencia epistemológica, metafísica/ontológica y ética del hombre respecto del Dios Creador.[13] Lo que observamos en esta progresión histórica es una autonomía cada vez más *pronunciada* —una alineación más estrecha entre el vivir y el pensar del hombre con su pretendida autosuficiencia— en la que, al adoptarse a sí mismo como punto de partida último para todo conocimiento (no sólo como punto de partida inmediato), abraza la mentira de que puede ser como Dios de una manera impropia para una criatura.

¿Dónde ha de buscarse, entonces, el verdadero conocimiento —la verdadera sabiduría—? Esa es una buena pregun-

---

[12] Joshua J. Mark, "Ra", World History. Consultado el 4 de octubre de 2021, https://www.worldhistory.org/Ra_(Egyptian_God)/.

[13] Greg L. Bahnsen, *Van Til's Apologetic: Readings & Analysis* (Phillipsburg, NJ.: P&R Publishing, 1998), 1.

ta, y una que todavía deberíamos hacernos hoy. El punto de partida último de todo pensar debe ser el Dios Creador —el Dios trino, el Dios del *teísmo cristiano*—. Nunca entenderemos realmente nada a menos que lo presupongamos a Él «detrás de todas las cosas».

Para ello necesitamos una cosmovisión alineada con la revelación unificada de Dios, a saber, la revelación creacional de Dios (su revelación por medio de la creación) y la revelación especial de Dios (su revelación por medio de su Palabra inspirada), siendo esta última la que proporciona la interpretación autorizada de la primera.[14] En la revelación especial de Dios aprendemos de Él como Legislador. Al contemplar e interpretar la revelación creacional de Dios a través de esta lente, discernimos cómo se corresponde con el orden creacional —en el sentido de que existe un orden de leyes, un «orden del mundo».

Es precisamente esta comprensión —esta fe *supra*rracional en el Dios verdadero— la que hizo posible que los grandes pioneros de la ciencia de los siglos XVI y XVII, como Nicolás Copérnico, Johannes Kepler, Galileo Galilei e Isaac Newton, dieran sus pasos revolucionarios en las ciencias naturales.[15] Reconocieron que, puesto que hay un orden de leyes (orden del mundo) en la creación, las causas que *subyacen* a los fenómenos creacionales (o cósmicos) deben buscarse *dentro* de esa misma realidad creacional (cósmica). Esta conclusión no

---

[14] Para más detalles sobre esto, véase Cornelius Van Til, *An Introduction to Systematic Theology: Prolegomena and the Doctrines of Revelation, Scripture, and God*, ed. William Edgar (Phillipsburg, NJ.: P&R Publishing, 2007).

[15] Ouweneel, *Sabiduría para los pensadores*, 20; véase también Henry Morris, *Men of Science, Men of God: Great Scientists Who Believed the Bible* (USA: New Leaf Press, 2020).

sólo se alcanzó lógicamente; también brotó de un mandato bíblico, como escribe el erudito Henry Morris:

> ...la autorización para el desarrollo de la ciencia y la tecnología fue específicamente encargada en el mandato primigenio dado por Dios a Adán y Eva (Gn. 1:26–29), y muchos de los primeros científicos, especialmente en Inglaterra y Estados Unidos, lo vieron precisamente de este modo.[16]

Por supuesto, también podemos ver cómo este enfoque de buscar las causas de los fenómenos creacionales (cósmicos) dentro de la misma realidad creacional (cósmica) ha sido abusado por científicos naturalistas contemporáneos. Los naturalistas buscan el origen de la vida en cada rincón del orden creado en lugar de buscarlo en Dios. En cambio, los pioneros cristianos antes mencionados estaban convencidos de que, dado que la creación es la obra de las manos de Dios, necesariamente debe revelar qué «regularidades había puesto ... dentro de» el cosmos.[17]

Estos pioneros estaban mucho más interesados en la ciencia *observacional* que en la ciencia *histórica* —términos que aquí no se refieren a disciplinas concretas, sino a dos modos de investigación fundamentalmente *distintos*.[18]

Volviendo a la pregunta planteada, la respuesta es que el conocimiento —la *verdadera sabiduría*— no ha de buscarse

---

[16] Henry Morris, *Men of Science, Men of God*, 13–14.

[17] Ouweneel, *Sabiduría para los pensadores*, 28.

[18] "Existen dos clases distintas de ciencia: la observacional y la histórica. La ciencia histórica trata del pasado y no es directamente comprobable u observable, por lo que debe interpretarse de acuerdo con tu cosmovisión" (cursiva añadida), AiG, "Science", Answers in Genesis. Consultado el 4 de octubre de 2021, https://answersingenesis.org/science/.

fuera del hombre, *dentro de la creación*, ni dentro del hombre mismo, pues él también es *criatura*, sino en el único Ser que no ha sido creado ni está constreñido por el orden de leyes (orden del mundo) de la creación: Dios. Sólo cuando reconocemos a Dios como fuente de todo conocimiento y sabiduría, y lo abrazamos como nuestro punto de partida epistémico último, podemos razonar correctamente y llegar al verdadero conocimiento.[19]

Aquí vemos, pues, una complementariedad entre el camino del «visionario» y el camino del «pensador» en la adquisición humana del verdadero conocimiento. Al recibir la revelación divina de Dios y fundamentar nuestra fe en esa revelación (sobre la que edificamos nuestra cosmovisión), podemos pensar, filosofar y practicar la ciencia de forma adecuada.

Ahora bien, quienes estén familiarizados con la historia de la iglesia —o al menos con la lucha del cristiano respecto de los efectos noéticos del pecado[20]— reconocerán que la historia del pensamiento cristiano no ha reflejado de manera consistente este proceso. En lugar de ello, como explica acertadamente Ouweneel, lo que encontramos es una lucha constante entre el camino del *visionario* y el camino del *pensador*:

---

[19] Ouweneel, *Sabiduría para los pensadores*, 40-41.

[20] Los "efectos noéticos del pecado" pueden definirse como "el efecto que el pecado produce en la mente de toda persona. El pecado impacta nuestra capacidad de pensar de manera racional, especialmente acerca de Dios", Steven R. Cook, "The Noetic Effects of Sin", Thinking on Scripture. Consultado el 4 de octubre de 2021, https://thinkingonscripture.com/2017/09/17/the-noetic-effects-of-sin/.

Una y otra vez surgieron personas que querían sal-
var la sabiduría bíblica de las garras de la ciencia
mundana y recayeron en el modo del solo ver [el
visionario]. O surgieron personas que querían sal-
var a la ciencia de las garras de la tradición bíblica
rígida volviéndose al modo del solo pensamiento
[el pensador].[21]

¿Cuáles podrían ser algunos ejemplos? San Agustín (354–430
d. C.), por ejemplo, anticipó la influencia pagana que la filosofía griega ejercería sobre la iglesia. Por esta razón, consideraba la teología como la «verdadera filosofía»,[22] confusión
de las dos ciencias (disciplinas), puesto que la teología puede responder preguntas *teológicas*, pero no *filosóficas*.[23] Sin
embargo, pese a este error, Agustín discernió correctamente
la naturaleza religiosa del pensamiento filosófico griego, y
es aquí donde Cornelius Van Til encontró posteriormente
apoyo patrístico para su propia apologética cristiana. Como
enseñaba Agustín, si esperamos llegar al verdadero conocimiento —si esperamos entender de veras—, debemos primero
creer en Dios: *Crede ut intelligas* («Creo para entender»). La
fe precede al entendimiento.

Por desgracia, esta tradición agustiniana (y esta intuición
bíblica) no persistió a lo largo del pensamiento cristiano.
Con el tiempo, los pensadores cristianos adoptaron cada vez
más un pensamiento filosófico supuestamente *autónomo* —o
religiosamente neutral—. Esta tendencia se ejemplifica me-

---

[21] Ouweneel, *Sabiduría para los pensadores*, 29.
[22] Véase Alfred Weber, "The Philosophy of St. Augustine", Sophia Project:
Philosophy Archives. Consultado el 7 de octubre de 2021,
http://www.sophia-project.org/uploads/1/3/9/5/13955288/weber_augus-
tine.pdf.
[23] Ouweneel, *Sabiduría para los pensadores*, 30.

jor en el escolástico medieval Tomás de Aquino (1225–1274 d. C.). Allí donde Agustín fracasó, el Aquinate tuvo éxito: distinguió claramente «filosofía» y «teología» como dos ciencias (disciplinas) distintas. Pero donde Agustín tuvo éxito, Tomás fracasó: adoptó aquello que era antitético a la verdad, a saber, la «razón autónoma».[24]

El resultado fue un *dualismo* —una brecha entre lo que se consideraba sagrado (la teología) y lo que se consideraba *natural* (la filosofía).[25] Si bien Tomás intentó mantener ambas bajo el mismo Dios como dos ciencias que caminan de la mano, la presuposición de la razón autónoma del hombre condujo inevitablemente a su separación completa. Como relata Ouweneel:

> Pero un pensador posterior, Guillermo de Occam (1285-1349), consideró que ello era inútil. Separó a la teología enteramente de la filosofía, rechazó la noción de teología natural con sus así llamadas pruebas para la existencia de Dios, y mantuvo a la revelación divina y a la razón humana enteramente separadas.[26]

Sin embargo, no todo estaba perdido. En la Reforma protestante somos testigos de un redescubrimiento de la autoridad abarcante de la Palabra de Dios —o, dicho de otro modo, de un reconocimiento renovado de que todo aspecto de la existencia creacional (cósmica) está sujeto a Dios. Martín Lutero (1483–1546), Juan Calvino (1509–1549) y Wi-

---

[24] Ouweneel, *Sabiduría para los pensadores*, 31.
[25] Véase Steven R. Martins, *Apologetics: Studies in Biblical Apologetics for a Christian Worldview* (Jordan Station, ON.: Cántaro Publications, 2021), 90-93.
[26] Ouweneel, *Sabiduría para los pensadores*, 32.

lliam Tyndale (1494-1536) —tres conocidos reformadores protestantes, entre muchos otros— fueron fundamentales para desechar la idea de que el pensamiento filosófico pudiera ser autónomo o que cualquier aspecto de la humanidad pudiera ser religiosamente neutral.

Tyndale en particular —que no suele ser mencionado en este ámbito de discusión— comentó la inutilidad de las herramientas escolásticas que se le habían enseñado como preparación para estudiar la Biblia. Rechazó estas herramientas escolásticas (y su modo de pensar) como paganas y contrarias a la clara enseñanza de la Escritura. Este rechazo alimentó aún más su convicción de traducir las Escrituras divinamente inspiradas a la lengua inglesa común de su época.[27]

Lamentablemente, mientras la noción de razón autónoma era expulsada por la puerta principal, volvía a entrar por la puerta trasera de la mano de figuras como Felipe Melanchthon (1497-1560) y Teodoro de Beza (1519-1605).[28] No debería sorprendernos, por tanto, que la razón autónoma fuera de nuevo defendida por muchos pensadores cristianos, especialmente durante la Ilustración del siglo XVIII —consideremos, por ejemplo, a Immanuel Kant (1724-1804), quien asignó toda la vida natural al reino de la razón pura (racionalismo).[29] Como vuelve a relatar Ouweneel:

> Muchos de los pensadores ilustrados permitieron que Dios y la religión tuviesen su propio lugar pequeño —pero sólo dentro del dominio de la

---

[27] William Tyndale, "Practice of Prelates", en *Expositions and Notes on Sundry Portions of the Holy Scriptures together with the Practice of Prelates*, ed. H. Walker (1849; reimp., Cambridge: Cambridge University Press, 1968), 291.

[28] Ouweneel, *Sabiduría para los pensadores*, 24.

[29] John M. Frame, *A History of Western Philosophy and Theology* (Phillipsburg, NJ.: P&R Publishing, 2015), 251-270.

vida religiosa, la vida de la oración, la alabanza y la predicación. La religión fue proscrita para siempre del dominio de la filosofía, del de las ciencias especiales y del de la vida social. Esto es lo que llamamos la secularización.[30]

Y, sin embargo, aun cuando seguimos siendo testigos del continuo proceso de *secularización* —la disociación deliberada o purga de la vida pública respecto de la religión[31]—, el racionalismo mismo ha estado sufriendo una lenta muerte desde la desilusión que siguió a las dos guerras mundiales, al auge del comunismo, a los atentados terroristas del 11 de septiembre y a otros acontecimientos históricos de gran envergadura. El tiempo ha demostrado que el ser humano es mucho más que una criatura puramente *racional*. Está movido por «sentimientos, recuerdos, prejuicios, impulsos e instintos inconscientes» sobre los cuales tiene poco o ningún control.[32]

Podríamos decir que, a medida que hemos sido testigos de la lenta muerte del racionalismo en la modernidad, lo que queda es un *nihilismo* creciente —una crisis existencial en la que el hombre ya no sabe qué es ni siquiera *quién* es. En una cultura tan degenerada como la que Occidente ha llegado a ser, estamos contemplando el inevitable deterioro y colapso de todo aquello que pensábamos conocer. La disforia se ha instalado mientras la sociedad occidental desecha la comprensión creacional del matrimonio, la familia, el sexo, la persona y mucho más, en un intento vano de recrear

---

[30] Ouweneel, *Sabiduría para los pensadores*, 34.

[31] Véase Andrew Copson, *Secularism: Politics, Religion, and Freedom* (UK.: Oxford University Press, 2017).

[32] Ouweneel, *Sabiduría para los pensadores*, 34-35.

el mundo y alcanzar el verdadero conocimiento que sigue siendo esquivo al hombre natural y pecador.

No obstante, por muchos intentos que haga la humanidad —en lo individual o en lo social— por reinventar el mundo, no puede redefinir realmente nada. El ser humano sigue viviendo y respirando en el mundo de Dios, y cualesquiera ilusiones que levante seguirán siendo precisamente eso: *ilusiones*.

2.3. Motivos religiosos básicos

A pesar del declive del clima intelectual en Occidente y del continuo compromiso religioso de muchos cristianos con sistemas filosóficos caídos, Dios ha levantado a hombres como Dooyeweerd, Vollenhoven, Troost y Runner —hombres que han retomado el espíritu de los reformadores para desarrollar, comenzando con Dooyeweerd, una filosofía distintivamente *cristiana* y reformacional. Se trata de una filosofía que, añadiría, rinde homenaje a la amplitud y alcance plenos del señorío de Jesucristo. Para ilustrar cuán vital fue Dooyeweerd para el desarrollo de esta filosofía, el filósofo brasileño Ricardo Quadros Gouvêa escribe:

> ... sin Dooyeweerd no habría habido filosofía reformacional, y la fragmentación del pensamiento de los demás pensadores citados habría sido inevitable. Dooyeweerd desarrolló una filosofía que, históricamente, sirvió como polo unificador del pensamiento filosófico de personas comprometidas con la tradición reformada o calvinista.[33]

[33] Ricardo Quadros Gouvêa, *O lado bom do calvinismo: Ensayos acerca de um calvinismo saudável* (São Paulo, Brasil: Fonte Editorial, 2013), 222.

Así como Van Til rechazó la supuesta neutralidad religiosa de las presuposiciones humanas en su búsqueda de una *apologética* cristiana, Dooyeweerd rechazó la supuesta neutralidad religiosa de las ciencias en su búsqueda de una *filosofía* cristiana. Para ayudarnos a entender qué gobernaba la mente de los filósofos —sus motivaciones o direcciones religiosas *subyacentes*— desde tan pronto como los antiguos griegos, Dooyeweerd propuso el concepto de «motivos religiosos básicos» en su obra fundamental *Raíces de la cultura occidental*. Identificó cuatro de estos motivos:

1) Materia–forma (los griegos)
2) Naturaleza–gracia (los escolásticos)
3) Naturaleza–libertad (de la Ilustración hasta el presente)
4) Creación, Caída y Redención

El término «motivo religioso básico» puede entenderse como la fuerza motivadora básica que subyace a todo lo que pensamos y hacemos. Para los antiguos griegos, este motivo básico adoptó la forma del esquema (o marco) materia–forma, articulado de manera más completa por sus filósofos —especialmente Aristóteles. Si bien Platón enseñó primero que, muy por encima de este mundo de cosas fugaces, «había un mundo superior de verdad permanente»,[34] fue Aristóteles quien distinguió con mayor claridad entre el

---

[34] Justo L. González, *The Story of Christianity: Vol. 1: The Early Church to the Dawn of the Reformation* (USA.: HarperOne, 2014), 22.

plano de la materia (el mundo material) y el plano de las formas (el mundo superior de realidades/ formas eternas).[35]

En síntesis, se pensaba que el mundo de la *materia* en el que vivimos estaba modelado según el mundo de las *formas*. Pero debido a que la materia ofrece resistencia a ser «formada» de manera perfecta, resulta un dualismo irreconciliable entre estos dos planos (o niveles) de la realidad. Este esquema materia–forma se convirtió en el marco rector de los filósofos griegos.

Cuando llegamos a los escolásticos medievales, sin embargo, encontramos un intento de síntesis entre dos cosmovisiones antitéticas —el cristianismo y la cosmología griega— que dio como resultado lo que llegó a conocerse como el esquema (o marco) naturaleza–gracia. Tomás de Aquino y Anselmo ejemplifican esta síntesis. Anselmo desarrolló su teoría de la «idea de Dios» utilizando el esquema materia–forma de los griegos,[36] mientras que al Aquinate se le atribuye el haber desarrollado propiamente el esquema naturaleza–gracia.

En este marco, el plano (o nivel) *natural* incluye la razón natural (la filosofía), Aristóteles, el esquema materia–forma, el mundo natural y la institución del Estado. El plano (o nivel) de la *gracia* (o sagrado) incluye la revelación de Dios, la fe, la Escritura, la vida eterna, la salvación y la iglesia. Como escribe el teólogo y filósofo cristiano John M. Frame:

---

[35] Antes del esquema materia–forma, Dooyeweerd rastrea sus raíces hasta las antiguas creencias religiosas en torno al ciclo fluido de la vida y el gobierno del destino —puestos en oposición a los dioses olímpicos. Para un tratamiento más amplio, véase Herman Dooyeweerd, *Roots of Western Culture: Pagan, Secular and Christian Options* (Jordan Station, ON.: Paideia Press, 2012).

[36] Justo L. González, *The Story of Christianity: Vol. 1*, 378.

> Lo que hace el esquema [naturaleza–gracia] es tomar la distinción griega entre forma y materia y situarla en el nivel inferior, suplementándola con un nivel superior descrito con el término *gracia*.[37]

En términos simples, los cristianos de este periodo podían asumir el pensamiento griego «prácticamente tal cual era», tratando la filosofía natural como un suplemento a la revelación de Dios. Sin embargo, lo que produjo esto fue otro dualismo irreconciliable entre los planos de naturaleza y gracia. Frame resume esta visión de forma sucinta: «Según este punto de vista, Aristóteles es en general suficiente para enseñarnos acerca de los asuntos terrenales. Pero para aprender del cielo necesitamos una palabra de Dios».[38]

Este esquema (o marco) naturaleza–gracia gobernó el pensamiento de los escolásticos medievales y persistió bien entrada la Reforma protestante y la Contrarreforma católica. Aunque hoy no es tan prominente, este dualismo aún persiste en círculos protestantes bajo la forma de la teología de los Dos Reinos, tal como la articula David VanDrunen en sus libros *Living in God's Two Kingdoms* y *Natural Law and the Two Kingdoms*.[39]

Con el declive gradual del dominio político de la iglesia y las tensiones polarizadoras producidas por el esquema naturaleza–gracia, emergió otra síntesis mediante el proceso de *secularización*. Comenzó con la filosofía de la Ilustración del siglo XVIII, donde somos testigos de la elevación de la *naturaleza* al plano superior —identificada con el universo de-

---

[37] John M. Frame, *A History of Western Philosophy and Theology*, 145.
[38] Ibid.
[39] Véase también Willem J. Ouweneel, *The World is Christ's: A Critique of Two Kingdoms Theology* (Grimsby, ON.: Paideia Press, 2017).

terminista de los filósofos naturales— mientras que el plano inferior pasa a ser la búsqueda humana de una *libertad* absoluta, el ideal del Romanticismo.

Este esquema naturaleza–libertad es igualmente dualista, y sus dos planos resultan irreconciliables, como muestran los esfuerzos de los filósofos modernistas por preservar la libertad humana frente a la naturaleza determinista del universo (o, dicho de forma más sencilla, frente a la visión del universo como una máquina). Según Dooyeweerd, este motivo básico gobernó no sólo a los filósofos de la Ilustración, sino que sigue gobernando a muchos filósofos «modernistas» hasta el día de hoy.[40]

Por último está el esquema (o marco) Creación/Caída/Redención, que no es dualista sino *ternario* —es decir, consta de tres partes.[41] En este esquema hay tres períodos de cambio creacional (cósmico) radical: Creación, Caída y Redención, todos ellos entendidos dentro del contexto de la cosmovisión judeocristiana.

Este marco filosófico, introducido y desarrollado por Dooyeweerd, es profundamente cristiano porque no toma prestado de los esquemas anteriores ni adopta ninguna absolutización de un aspecto creacional —precisamente aquello

---

[40] Véase Dooyeweerd, *Raíces de la cultura occidental.*

[41] El motivo básico triple de la Palabra es una unidad indivisible. Cuando se menoscaba el carácter integral del motivo de la creación, el sentido radical de la caída y la redención se vuelve incomprensible. Del mismo modo, quien altera el significado radical de la caída y la redención no puede experimentar el pleno poder y alcance del motivo de la creación", en Dooyeweerd, *Roots of Western Culture*, 110.

que vuelve idólatras a todos los demás motivos religiosos básicos.[42]

Este esquema pone de relieve la importancia fundacional de la metanarrativa bíblica para comprender la realidad y afirma la necesidad de la revelación especial de Dios. Aunque el esquema Creación/Caída/Redención se atribuye a Dooyeweerd, el propio filósofo neerlandés reconoció que su desarrollo se debía a la recuperación, por parte de la Reforma protestante, del motivo básico Creación/Caída/Redención, así como a la restauración que Abraham Kuyper hizo de dicho motivo a su lugar legítimo dentro del pensamiento cristiano para el desarrollo de una cosmovisión y una filosofía distintivamente cristianas.

En conjunto, estos cuatro motivos básicos pueden simplificarse aún más en dos:

1) Anastático

2) Apostático

Cuando nos referimos al motivo básico *anastático*, hablamos del verdadero motivo básico *cristiano* —el motivo del corazón regenerado del creyente— producido únicamente por la obra del Espíritu Santo. En cambio, el motivo básico *apostático* se refiere al motivo de los no regenerados, los que aún están perdidos en su pecado y viven, en esencia, en «apostasía».[43] De hecho, esto es precisamente lo que expresa el término *apostático*: «estar fuera de la coherencia del tiempo

---

[42] "Absolutizamos un aspecto de la realidad cuando intentamos elevar ese aspecto de significado a la totalidad del significado. Ésta es la fuente de todos los -ismos en el pensamiento teórico", en J. Glenn Friesen, "Absolutize", Christian Nondualism. Consultado el 7 de octubre de 2021, https://jgfriesen.wordpress.com/glossary/absolutize/.

[43] Ouweneel, *Sabiduría para los pensadores*, 48.

debido a la absolutización [idolatría]», en la descripción que hace Dooyeweerd de la apostasía (*apo-stasis*).[44]

El término *anastático*, por contraste, significa «levantarse de nuevo», a partir del griego *anastasis*, que significa «resurrección». Dooyeweerd utiliza «anastasis» como contraparte de «apostasía». Dicho de otro modo, podríamos decir que *anastasis* es «estar en pie en la verdad».[45] Como escribe el filósofo dooyeweerdiano J. Glenn Friesen, «anastasis es, por tanto, un redescubrimiento de nuestro verdadero yo, que se había perdido en la caída. Esto es vida en vez de muerte».[46]

Habiendo entendido *quién* es Dooyeweerd, la *importancia* de su obra filosófica, la *necesidad* de una filosofía distintivamente cristiana —especialmente después del enmarañado conjunto del pensamiento cristiano e impío a lo largo de la historia— y el concepto y los esquemas de *motivos religiosos básicos*, nos vemos ahora obligados a plantear una pregunta de seguimiento: ¿cuál es una visión distintivamente *cristiana* de la realidad creacional (cósmica)?

---

[44] J. Glenn Friesen, "Anastasis", Christian Nondualism. Consultado el 7 de octubre de 2021, https://jgfriesen.wordpress.com/glossary/anastasis/.
[45] Ibid.
[46] Ibid.

CAPÍTULO 3

REALIDAD CREACIONAL, SOBERANÍA DE ESFERA Y ASPECTOS MODALES

3.1. Realidad creacional

¿Cuál es una visión distintivamente cristiana de la realidad creacional (cósmica)? Lo que buscamos no es nada menos que una visión total de la realidad: una perspectiva abarcante y expansiva que no excluya nada. Debido a la naturaleza de esta pregunta, una respuesta breve no puede bastar. Si intentara dar una respuesta corta, casi con toda seguridad la interpretarías a través de tus propias presuposiciones y preconcepciones, produciendo otra comprensión sincretista más de la realidad creada. Y eso es precisamente lo que queremos evitar. Perseguimos una comprensión distintivamente cristiana, fiel a la revelación unificada de Dios, tanto general como especial.

Para llegar a esta comprensión —esta filosofía— debemos primero desechar nuestras maneras previas de pensar, cualquiera que sea el entendimiento que hayamos heredado acerca de la realidad creacional (cósmica), a fin de adoptar la visión cristiana, el único marco verdadero por medio del cual podemos entender correctamente el orden creado. Recuerda que hay tres componentes principales de la realidad: (i) metafísica/ontología, (ii) epistemología y (iii) ética. De aquí en adelante me referiré a ellos como componentes y no como aspectos filosóficos, para no confundirlos con los quince aspectos modales de la realidad creacional (cósmica) desarrollados por Herman Dooyeweerd.

Si la filosofía consiste en (i) metafísica/ontología, (ii) epistemología y (iii) ética, entonces una filosofía cristiana debe responder a la pregunta: ¿Cómo es una visión cristiana de la realidad, del conocimiento y de la ética?[1] Como se señaló en el primer capítulo, la filosofía no es una ciencia o disciplina más, en pie de igualdad con las demás ciencias especiales. Más bien, la filosofía es la madre de todas las ciencias: la disciplina de las disciplinas. Esto no significa que la ciencia de la filosofía absorba todas las ciencias. Sigue habiendo una clara distinción entre, por ejemplo, una pregunta biológica y una pregunta filosófica. La filosofía proporciona una visión general e integradora de la realidad creacional (cósmica), mientras que las ciencias especiales son, por naturaleza, especializadas.

La biología, la física, la química y similares no buscan ofrecer una visión total de la realidad; sus parámetros de investigación son más estrechos y particulares. En cambio, la filosofía aspira a brindar un cuadro comprehensivo del todo, situando cada parte dentro de un marco más amplio.

Entonces, ¿qué nos ofrece el filósofo Herman Dooyeweerd en cuanto a una visión cristiana de la realidad creacional (cósmica) mediante su extensa investigación académica y desarrollo filosófico? La respuesta es su teoría de los quince aspectos modales. Pero antes de que podamos entender estos aspectos modales, primero debemos explorar qué lo llevó a desarrollarlos.

---

[1] Willem J. Ouweneel, *Sabiduría para los pensadores,* 53.

3.2. Kuyper, Dooyeweerd y la soberanía de esfera

Como se mencionó anteriormente, Dooyeweerd estuvo profundamente influido por Abraham Kuyper, sin duda una de las figuras más extraordinarias de su tiempo. Kuyper no sólo fue periodista y político —llegando a ser Primer Ministro de los Países Bajos entre 1901 y 1905—, sino también un prolífico intelectual, teólogo y fundador de la Universidad Libre de Ámsterdam. Su obra influyó no sólo en Dooyeweerd, sino también en otros pensadores cristianos notables como Cornelius Van Til, Francis Schaeffer (1912–1984), Alvin Plantinga (n. 1932) y Geerhardus Vos (1862–1949), entre otros.[2] Kuyper fue decisivo en el desarrollo del neocalvinismo, que puede definirse como una «corriente dentro de la tradición cristiana» que «se sitúa en la línea de Agustín, Calvino y muchos otros; es transformadora del mundo, no se centra sólo en la iglesia sino en la sociedad en general, y está comprometida con el bien común».[3]

La teoría de la soberanía de esfera de Kuyper influiría más tarde en Dooyeweerd para incorporar un principio similar en su comprensión de la realidad creacional (cósmica).[4] Según la comprensión kuyperiana de la soberanía de esfera —básicamente una teoría social arraigada en principios teológicos— ninguna institución humana puede reclamar soberanía absoluta, porque sólo Dios es absolutamente sobe-

---

[2] Véase "Abraham Kuyper: Collected Works in Public Theology", Abraham Kuyper. Consultado el 14 de octubre de 2021, https://abraham-kuyper.com/.

[3] The Neo-Calvinism Research Institute, "What is Neo-Calvinism?", The Neo-Calvinism Research Institute. Consultado el 13 de octubre de 2021, https://www.neocalvinism.org/what-is-neo-calvinism/.

[4] Ouweneel, *Sabiduría para los pensadores*, 72.

rano. Cada institución humana tiene, en cambio, su propia esfera o dominio de actividad: el Estado no tiene soberanía sobre la iglesia, ni la iglesia sobre el Estado, ni el Estado sobre la familia, ni la familia sobre el Estado. Lo mismo se aplica a las asociaciones, mercados (empresas), organizaciones benéficas, etcétera.[5] En términos sencillos, cada esfera posee soberanía dentro de su propia esfera o dominio de actividad.

Esto condujo al desarrollo, por parte de Dooyeweerd, de la teoría de los aspectos modales, en la que cada aspecto es soberano dentro de su propia esfera. Ningún aspecto modal puede ser soberano sobre otro ni gobernar a otro, ni puede reducirse ningún aspecto modal a otro. Puesto que cada aspecto modal es soberano en sí mismo, cada uno tiene sus propias leyes, leyes que no pueden reducirse a las leyes de otro aspecto. Dicho de otro modo, estos aspectos modales y sus leyes respectivas son irreductibles.

Esta distinción entre los aspectos modales y sus leyes es un tema que exploraremos en el próximo capítulo. Por ahora, este capítulo mantendrá su enfoque en las propias modalidades antes de pasar a la noción de ley en la discusión siguiente.

3.3. Aspectos modales

¿Qué son los aspectos modales, o modalidades? El término procede del latín *modus*, que puede significar (1) límite o

---

[5] Véase Lael Daniel Weinberger, "The Relationship Between Sphere Sovereignty and Subsidiarity" en *Global Perspectives on Subsidiarity*, ed. Michelle Evans y Augusto Zimmermann (Londres, UK.: Springer, 2014), 49–63; véase también H. Evan Runner, *The Collected Works of H. Evan Runner*, vol. II: *Walking in the Way of the Word* (Jordan Station, ON.: Paideia Press, 2021), 253–291.

medida, (2) manera, modo, camino o método, y (3) regla, ritmo, compás, medida o tamaño. En este contexto concreto, sin embargo, denota «una manera de ser».[6] Más allá de los cuatro motivos religiosos fundamentales tratados en el capítulo anterior, Dooyeweerd es quizá más conocido por su teoría de los aspectos modales: las quince modalidades o esferas legales modales, que pueden describirse como maneras distintas en que (i) la realidad existe, (ii) posee significado, (iii) es experimentada y (iv) acontece.[7]

Para ser más específicos, Strauss explica:

> Mientras que las entidades concretas (naturales y sociales) responden a la pregunta del «qué», los aspectos modales son accesibles mediante la pregunta del «cómo». Del latín hemos heredado expresiones como *modus operandi* y *modus vivendi*, en las que el «cómo» viene representado por el término *modus*. Un aspecto es, por tanto, un modo específico (único) de la realidad. En un sentido general, es un *modus quo* o modo de ser. Proporciona un marco dentro del cual todo y todos los procesos de la realidad funcionan. Como equivalente para referirse a facetas, aspectos o funciones, también puede hablarse de modalidades, aspectos modales o funciones modales.[8]

---

[6] Kevin D. Mahoney, "Latin Definition for: *modus, modi*", Latdict. Consultado el 13 de octubre de 2021, https://latin-dictionary.net/-definition/27114/modus-modi/.

[7] Para una comprensión más detallada de las quince modalidades, véase D. F. M. Strauss, *The Philosophy of Herman Dooyeweerd* (Jordan Station, ON.: Paideia Press, 2021).

[8] D. F. M. Strauss, *The Philosophy of Herman Dooyeweerd*, 39–40.

He aquí una lista de los quince aspectos modales en orden y disposición secuenciales:

1. Aritmético (numérico/cuantitativo)

2. Espacial (geométrico)

3. Cinético (movimiento)

4. Físico (energético)

5. Biótico

6. Psíquico (sensitivo/perceptivo)

7. Analítico (lógico)

8. Histórico (formativo)

9. Lingual

10. Social

11. Económico

12. Estético

13. Jurídico

14. Ético

15. Pístico (fe)

Aunque la lista anterior se presenta en orden descendente, la mayoría de los gráficos ilustrativos la muestran en orden ascendente, de modo que las modalidades parecen aumentar en complejidad a medida que se asciende en la escala. (Véanse las Figuras 2 y 3 como ejemplo).

¿Cómo hemos de entender, entonces, estos quince aspectos modales? Comencemos por el primero y más fundamental: el aspecto aritmético (numérico).

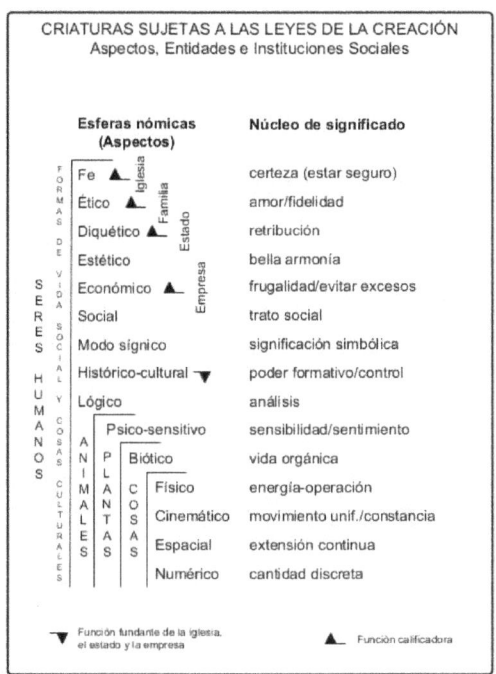

Figura 2. Fuente: D. F. M. Strauss, *Being Human in God's World* (Jordan Station, ON.: Paideia Press, 2020), 155.

El aspecto modal aritmético —a veces llamado aspecto numérico o cuantitativo— es fundamental. Aquí pensamos de manera natural en la ciencia especial de las matemáticas. Consideramos que el aspecto aritmético es fundamental porque las matemáticas mismas lo son: no dependen de ninguna otra ciencia especial.[9] Cuando hablamos de lo matemático, sin embargo, no nos referimos sólo a lo aritmético (numérico/cuantitativo: «el uno, varios y muchos, y las com-

---

[9] Ouweneel, *Sabiduría para los pensadores*, 40.

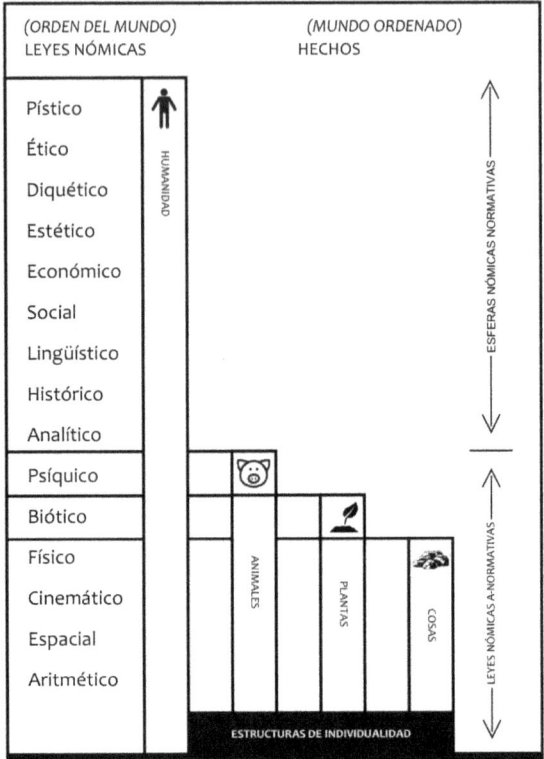

Figura 3

paraciones de menos y más»),[10] sino también a lo espacial
(geométrico: «aquí, allí, entre, alrededor, dentro y fuera»).[11]

Cuando determinamos cuál de estos debe ser la *primera*
modalidad, lo hacemos examinando qué presupone qué. Lo
espacial (geométrico) presupone lo aritmético (numérico/
cuantitativo), pero lo aritmético no presupone lo espacial.

---

[10] Andrew Basden, ed., "The Quantitative Aspect", The Dooyeweerd Pages.
Consultado el 14 de octubre de 2021, http://dooy.info/quantitative.html/.
[11] Andrew Basden, ed., "The Spatial Aspect", The Dooyeweerd Pages.
Consultado el 14 de octubre de 2021, http://dooy.info/spatial.html/.

Por esta razón, el aspecto aritmético va primero, seguido por el aspecto espacial como *segunda* modalidad.

Luego pasamos a la *tercera* modalidad, el aspecto cinético (movimiento). Éste se corresponde con la ciencia especial de la física. Como observa Ouweneel, «no debería haber nada que se interponga entre las matemáticas y la física».[12] Así como hay dos ciencias distintas dentro de las matemáticas (aritmética y geometría), también en la física encontramos dos: la cinemática (movimiento) y lo físico (energía + masa, fuerzas).[13] Sabemos que lo cinético presupone lo espacial y lo aritmético, y por ello ocupa con justicia el tercer lugar en la escala de modalidades. Sin embargo, no presupone lo físico (energético), mientras que lo físico (energético), como *cuarta* modalidad, sí presupone lo cinético (movimiento).

La *quinta* modalidad es la biótica (funciones vitales + organismos).[14] Como indica el término, ésta se corresponde con la ciencia especial de la biología, que presupone el aspecto físico (energético). Aquí ya podemos empezar a ver cómo la escala de modalidades progresa en complejidad, con cada modalidad presuponiendo lo que la precede sin poder reducirse a ello.

La *sexta* modalidad es la psíquica (sensitiva/perceptiva), que nos introduce en la ciencia especial de la psicología. En *Sabiduría para los pensadores*, Ouweneel propone dividir la psicología en dos ciencias (sensación y percepción) y, por lo tanto, en dos aspectos modales, obteniendo así dieciséis modalidades. No obstante, esto se aparta de la escala de quince

---

[12] Ouweneel, *Sabiduría para los pensadores*, 40.

[13] Andrew Basden, ed., "The Physical Aspect", The Dooyeweerd Pages. Consultado el 14 de octubre de 2021, http://dooy.info/physical.html/.

[14] Andrew Basden, ed., "The Biotic Aspect", The Dooyeweerd Pages. Consultado el 14 de octubre de 2021, http://dooy.info/biotic.html/.

modalidades de Dooyeweerd.[15] Para mantener la coherencia con la filosofía dooyeweerdiana —y con los estudiosos
que la siguen sosteniendo— conservaremos las quince esferas
nómicas modales originales.

Tras el aspecto modal psíquico viene el aspecto analítico
(lógico), que nos introduce en las humanidades: aquellas
ciencias especiales que estudian los fenómenos humanos.
¿Cómo presupone lo analítico (lógico) lo psíquico y lo biótico? Sencillamente, el razonamiento analítico no puede
operar sin una mente (psíquica) ni sin un cerebro (biótico).
Por tanto, el aspecto analítico (lógico) ocupa el *séptim* lugar
como modalidad porque presupone todas las modalidades
que lo preceden.

La siguiente en la secuencia es el aspecto modal histórico
(formativo), que concierne a la ciencia de la historiografía.
Al ser la *octava* modalidad, presupone el aspecto analítico
(lógico).

El *noveno* aspecto modal es el lingual —experimentado
como «expresar, registrar e interpretar»—[16] y se corresponde
con la ciencia de la lingüística, que examina los fenómenos
del lenguaje. Como es evidente en la lingüística, esta ciencia
y aspecto modal presuponen el aspecto histórico (formativo),
porque se construyen sobre el «proceso histórico».[17]

A continuación viene el *décimo* aspecto modal, el social,
correspondiente a la ciencia de la sociología —una progresión natural desde la lingüística, sobre la cual lo social se
apoya. Tras éste se halla el *undécimo* aspecto modal, el eco-

---

[15] Ouweneel, *Sabiduría para los pensadores*, 56.

[16] Andrew Basden, ed., "The Lingual Aspect", The Dooyeweerd Pages.
Consultado el 14 de octubre de 2021, http://dooy.info/lingual.html/.

[17] Ouweneel, *Sabiduría para los pensadores*, 57.

nómico, que se corresponde con la ciencia de la economía y que, de manera similar, progresa de forma natural desde lo sociológico.

Los últimos cuatro aspectos comienzan con el *duodécimo*, el estético. Aunque tendemos a asociarlo principalmente con las artes, el aspecto estético va mucho más allá del arte e incluye «armonizar, disfrutar, jugar, embellecer».[18] El *decimotercer* aspecto modal es el jurídico, que se corresponde con la ciencia de la jurisprudencia. El *decimocuarto* es el ético, que se corresponde con la ciencia de la moral. Y el *decimoquinto* y último aspecto modal es el pístico, de la palabra griega *pistis*, que significa «fe»; por tanto, la ciencia de los fenómenos «písticos», que no debe confundirse con el término «religioso».[19]

Las interrelaciones entre estos aspectos siguen un orden discernible. Lo estético presupone lo económico, mientras que lo económico no presupone lo estético. Lo jurídico presupone lo estético —basta considerar su preocupación por la «armonía» y el mantenimiento de la paz—, mientras que lo estético no presupone lo jurídico. Lo ético (moral) presupone lo jurídico, porque presupone la «justicia», aunque lo jurídico no presupone lo ético. Esto puede parecer contraintuitivo al principio, pero, al examinarlo más de cerca, resulta razonable: lo jurídico se ocupa de la «corrección y lo debido»,[20] mientras que la ética se ocupa de la «actitud y el amor que se entrega a sí mismo», lo cual incluye un elemento de «vulnerabilidad y sacrificio»: en otras palabras,

---

[18] Andrew Basden, ed., "The Aesthetic Aspect", The Dooyeweerd Pages. Consultado el 14 de octubre de 2021, http://dooy.info/aesthetic.html/.

[19] Ouweneel, *Sabiduría para los pensadores*, 59.

[20] Andrew Basden, ed., "The Juridical Aspect", The Dooyeweerd Pages. Consultado el 14 de octubre de 2021, http://dooy.info/juridical.html/.

en la función ética vamos más allá de lo debido, dando más de lo necesario, incluso a nuestro propio costo.[21] Por último, lo pístico (fe) presupone lo ético pero no a la inversa, pues lo pístico se ocupa de la «aspiración, el compromiso, la certeza y la creencia».[22]

Todo esto puede parecer complejo, pero, como deberíamos esperar de una filosofía que busca proporcionar una visión de *totalidad* de la realidad creacional, refleja la riqueza y complejidad del mundo mismo. No obstante, aún podemos avanzar en la comprensión de cómo funciona esta escala de modalidades. Si preguntáramos, por ejemplo, cómo puede aplicarse esta escala de modalidades, podemos acudir a una ilustración que ofrece Strauss en su libro *Being Human in God's World*:

> ... una silla posee cuatro patas (aspecto numérico: el interés de la aritmética matemática); es grande o pequeña (aspecto espacial: geometría matemática); es o no una silla de ruedas (aspecto de movimiento: cinético); es fuerte o débil (aspecto físico-químico); es utilizable en la vida humana (aunque como objeto biótico, porque una silla no tiene vida: la biología estudia la realidad desde el aspecto biótico); es cómoda (aspecto sensitivo-psíquico: psicología); es identificable y distinguible (aspecto analítico: lógica); está culturalmente formada (aspecto histórico: la ciencia histórica se interesaría, por ejemplo, por el desarrollo histó-

---

[21] Andrew Basden, ed., "The Ethical Aspect", The Dooyeweerd Pages. Consultado el 14 de octubre de 2021, http://dooy.info/ethical.html/.

[22] Andrew Basden, ed., "The Pistical Aspect", The Dooyeweerd Pages. Consultado el 14 de octubre de 2021, http://dooy.info/pistic.html/.

rico de los diferentes estilos de sillas); tiene un
nombre (un signo verbal: el aspecto del signo; la
semiótica general y la lingüística); se usa en la
interacción de las personas (aspecto social: sociología); tiene un precio (aspecto económico: economía); es bella o fea (aspecto estético: estética);
pertenece a alguien que tiene un derecho subjeti-
vo sobre ella (una competencia para disponer de
ella y disfrutarla: aspecto jurídico, ciencia jurídica); es o no el asiento favorito de alguien (aspecto
de amor/ético: ética); y es fiable: todo el mundo
cree que la silla los sostendrá si se sientan en ella
(aspecto de fe: perspectiva de la teología como
ciencia)... Esa confianza [aspecto de fe] no debe
confundirse con la fe confiada en el sentido religioso —salvo, por supuesto, que alguien hiciera de
esa silla concreta un ídolo.[23]

Aunque me he tomado el tiempo y el espacio para explicar
aquí los aspectos modales y su orden y disposición secuenciales, todavía queda *mucho más* por decir respecto de su
estructura general: su lado nómico y su lado normativo, su
lado factual, orden temporal, duración temporal, relaciones
sujeto–sujeto y sujeto–objeto, y más.[24] Abordaré el lado nómico de la realidad creada en cierta medida en el próximo
capítulo, pero, para un entendimiento más *profundo* de los

---

[23] D. F. M. Strauss, *Being Human in God's World* (Jordan Station, ON.: Paideia
Press, 2020), 127–128.
[24] Véase Strauss, *The Philosophy of Herman Dooyeweerd*, 47–48; véase
también Andrew Basden, ed., "Dooyeweerd's Suite of Modal As-
pects", The Dooyeweerd Pages. Consultado el 13 de octubre de 2021,
http://dooy.info/aspects.to1005.html/.

aspectos modales, debo remitir a los lectores a los filósofos dooyeweerdianos más especializados; por fortuna, hay muchos, entre ellos D. F. M. Strauss, Andree Troost y Roy A. Clouser.

Conviene hacer una mención especial de Joseph Boot, del Ezra Institute, un pensador cristiano emergente conocido no sólo por su apologética de línea van tilliana, sino también por su magistral aproximación a los contornos de la filosofía cristiana dooyeweerdiana. Cualquier lector que desee familiarizarse con una filosofía distintivamente cristiana se beneficiará enormemente de la lectura de sus obras y de la escucha de sus conferencias.[25]

Todo esto lo escribo para subrayar que lo que he ofrecido aquí es tan sólo una *introducción*, un *punto de partida* para el desarrollo de nuestra propia comprensión cristiana de la realidad creada. Sin embargo, esto suscita la pregunta: ¿Qué hace de esta escala de modalidades una comprensión *cristiana* de la realidad? Haré todo lo posible por responder a esta pregunta, pero antes debo aclarar exactamente qué son estos aspectos modales.

3.4. Dirección religiosa

Las quince modalidades desarrolladas y presentadas por Dooyeweerd pueden entenderse como quince «ventanas a través de las cuales podemos mirar la realidad cósmica». Estos aspectos poseen no sólo un carácter epistemológico y un carácter ontológico, sino también, añadiría, un *carácter ético* en cuanto a cómo la humanidad los trata. Debemos recordar que *toda*

---

[25] Véase, por ejemplo, Joe Boot, "Recovering the Christian Mind" en *Jubilee: Recovering Biblical Foundations for our Time* (Grimsby, ON.: Ezra Press, verano de 2019).

la vida es religión, que el hombre es inevitablemente religioso y que, por tanto, todo lo que hace y piensa está orientado direccionalmente, ya sea de manera *vertical* en adoración al Dios Creador, o de manera *horizontal* en adoración idólatra de la creación.

Lo que hace de estas quince modalidades una comprensión *cristiana* de la realidad es que, en lugar de absolutizar una de las modalidades o reducir toda la realidad creada a una sola modalidad para llegar a una «verdadera» comprensión de la realidad creacional (cósmica), como el hombre caído ha intentado hacer, trazamos todas las cosas hasta el único principio de su origen: el Dios Creador revelado en la revelación general y especial, el Dios del *teísmo cristiano*. Esto no es una comprensión *monista* de la realidad —porque mantenemos la distinción Creador–creación— ni tampoco *dualista*, porque no postulamos dos principios irreconciliables.

El corazón no regenerado, sin embargo, absolutizará una de las modalidades o algún aspecto de la creación para llegar a una comprensión de la realidad creacional. Este método no sólo fracasa en dar sentido a la realidad (el proceso de predicación), sino que también comete el pecado de idolatría al sustituir al Dios Creador que está detrás de todo por algún aspecto creacional (cf. Ro. 1:21–23). Una ilustración de esto podría ser Stephen Hawking (1942–2018), el célebre físico teórico y cosmólogo inglés que dedicó su vida a descubrir una única fórmula (o ecuación) matemática que explicara toda la vida.[26] Sin embargo, cuanto más avanzaba en su

---

[26] Véase Stephen Hawking, *A Brief History of Time* (Nueva York, NY: Bantam, 1998).

búsqueda, más evidente se hacía que tal posibilidad era una imposibilidad.[27]

No podemos reducir los aspectos modales, porque son irreductibles, ni podemos absolutizar ningún aspecto creacional. Si buscamos entender verdaderamente la realidad creacional (cósmica), debemos volvernos al Dios del cielo y de la tierra.

En conclusión, dado que el concepto teórico de aspectos modales de Dooyeweerd es relativamente nuevo para el pensador moderno, recurro a Ouweneel para simplificar aún más qué son estos aspectos —y qué no son:

> los aspectos modales como tales no son ellos mismos fenómenos sino siempre solamente *aspectos* de los fenómenos. Los aspectos son modos en que las cosas son (para decirlo ontológicamente): son aritméticas, espaciales, etcétera. Los aspectos son también modos en los que podemos ver las cosas (para decirlo epistemológicamente): pueden ser vistas desde un ángulo aritmético, un ángulo geométrico, etcétera.[28]

Añadiría un punto más: los aspectos son también maneras en que discernimos si las cosas están dirigidas correcta o incorrectamente en adoración. Éticamente hablando, las funciones dentro de cada aspecto pueden orientarse hacia Dios en justicia o hacia la creación en idolatría. Debemos recordarnos continuamente que la adoración entraña un

---

[27] Stephen Hawking, "Gödel and the End of Physics: Stephen Hawking", The Pickett Group. Consultado el 14 de octubre de 2021, http://yclept.ucdavis.edu/course/215c.S17/TEX/GodelAndEndOfPhysics.pdf.

[28] Ouweneel, *Sabiduría para los pensadores*, 71.

carácter intrínsecamente ético: es justa en su adoración del Dios verdadero o pecaminosa en su adoración idólatra de la creación. Todo lo que hacemos, tanto en público como en privado, lo hacemos *Coram Deo*, expresión latina que significa «en la presencia de Dios».

CAPÍTULO 4

DIOS, CREACIÓN Y LEY CREACIONAL

4.1. Los aspectos modales como esferas de ley

No puede haber discusión alguna sobre las quince modalidades de Dooyeweerd —o aspectos modales—, ni siquiera a un nivel puramente introductorio, sin considerar también lo que Dooyeweerd quiso decir al articular estas modalidades como *esferas de ley*. Sólo comprendiendo el *lado ley* de estas modalidades podemos captar cómo todo en la realidad creacional (cósmica) funciona dentro de cada uno de los quince aspectos modales.

La pregunta que debemos hacernos ahora, por tanto, es: ¿qué entiende Dooyeweerd por esferas de ley?

El desarrollo de las ciencias naturales surgió del reconocimiento, por parte de la humanidad, de que la creación está gobernada por un *orden fijo de leyes*: una noción cada vez más rechazada por la *intelligentsia* moderna, pero vital para la labor pionera de las ciencias naturales. Sin embargo, el *orden nómico* de la creación —u *orden nómico creacional*— no es simplemente una noción. No es sólo una teoría o una idea general; es un hecho indiscutible revelado de tres maneras: (i) por medio de la revelación general de Dios (la creación), (ii) por medio de la revelación especial de Dios (la Escritura) y (iii) por medio del vivir y pensar humanos.

Aunque la tercera forma podría subsumirse bajo la primera —puesto que la vida y el pensamiento del hombre forman

61

parte de la revelación general de Dios[1]—, aquí las distingo por claridad. En la *primera* me refiero a la observación que el hombre hace de la realidad creacional (cósmica) aparte de sí mismo; en la *tercera*, a la presuposición de un orden fijo de leyes en su vivir y pensar. Las creencias confesadas de la persona regenerada se alinean con las presuposiciones que subyacen a su vida y pensamiento. Por contraste, el no regenerado niega el orden fijo de leyes tal como está definido por la Palabra de Dios, mientras depende simultáneamente de ese mismo orden para formular su negación.[2]

¿Qué dice la Biblia —las Escrituras divinamente inspiradas— acerca del *orden nómico*? Antes de responder, es importante aclarar una vez más que la Biblia no nos enseña filosofía en el sentido de desarrollar o articular una empresa teórica. Más bien, nos proporciona los parámetros con los cuales podemos construir y desarrollar una correcta y verdadera *visión del mundo y de la vida* (o cosmovisión). El *orden de leyes* fijo de la realidad creacional (cósmica) es, así, un componente vital y fundacional de la cosmovisión cristiana y bíblica.

Con esto en mente, he aquí algunos pasajes bíblicos en los que aprendemos acerca del fijo *orden nómico* —recordando de nuevo que la revelación especial de Dios fue dada como la única interpretación autoritativa de la realidad creada:

---

[1] Véase Cornelius Van Til, *Christian Apologetics* (Phillipsburg, NJ.: P&R Pub., 2003), 70; Steven R. Martins, *Apologetics: Studies in Biblical Apologetics for a Christian Worldview* (Jordan Station, ON.: Cántaro Publications, 2021), 97–99.

[2] Sobre esto, véase Greg L. Bahnsen, *Pushing the Antithesis: The Apologetic Methodology of Greg L. Bahnsen* (Powder Springs, GA.: American Vision, 2007).

En el principio creó Dios los cielos y la tierra (Gn. 1:1).

¿Supiste tú las ordenanzas de los cielos? ¿Dispondrás tú de su potestad en la tierra? (Job 38:33).

Para siempre, oh Jehová, Permanece tu palabra en los cielos. De generación en generación es tu fidelidad; Tú afirmaste la tierra, y subsiste. Por tu ordenación subsisten todas las cosas hasta hoy, Pues todas ellas te sirven. (Sal. 119:89–91).

Los hizo ser eternamente y para siempre; Les puso ley que no será quebrantada. (Sal. 148:6).

Yo hice la tierra, y creé sobre ella al hombre. Yo, mis manos, extendieron los cielos, y a todo su ejército mandé. (Is. 45:12).

Así ha dicho Jehová, que da el sol para luz del día, las leyes de la luna y de las estrellas para luz de la noche, que parte el mar, y braman sus ondas; Jehová de los ejércitos es su nombre: Si faltaren estas leyes delante de mí, dice Jehová, también la descendencia de Israel faltará para no ser nación delante de mí eternamente. (Jer. 31:35–36).

Así ha dicho Jehová: Si no permanece mi pacto con el día y la noche, si yo no he puesto las leyes del cielo y la tierra... (Jer. 33:25).

Tú solo eres Jehová; tú hiciste los cielos, y los cielos de los cielos, con todo su ejército, la tierra y todo lo que está en ella, los mares y todo lo que hay en ellos (Neh. 9:6).

…os anunciamos que de estas vanidades os con-
virtáis al Dios vivo, que hizo el cielo y la tierra, el
mar, y todo lo que en ellos hay (Hch. 14:15).

Por la fe entendemos haber sido constituido el
universo por la palabra de Dios, de modo que lo
que se ve fue hecho de lo que no se veía. (Heb.
11:3).

Señor, digno eres de recibir la gloria y la honra y
el poder; porque tú creaste todas las cosas, y por
tu voluntad existen y fueron creadas (Ap. 4:11).

Aunque la Escritura ofrece muchos más lugares en los
que podemos aprender acerca del orden fijo de leyes de la
realidad creacional (cósmica), los ejemplos ya dados bastan
para mostrar que (i) la realidad creacional tiene leyes, (ii) la
realidad creacional está sujeta a esas leyes y (iii) estas leyes las
provee un Legislador soberano. Por esta razón, Dooyeweerd
tituló originalmente su *Una nueva crítica del pensamiento teórico*
como *La filosofía de la idea-ley*.[3]

En relación con nuestra discusión de un *orden de leyes* fijo,
debemos distinguir entre dos términos que suelen confundirse y que se emplean con frecuencia al articular esta filosofía
cristiana dooyeweerdiana. El *primero* es «mundo ordenado»,
que se refiere a todo lo que hay en la realidad creacional
(cósmica): cosas, plantas, animales, seres humanos, sociedá-
des, instituciones, etcétera. A este «mundo ordenado» se le
llama a veces mundo de los «hechos». El *segundo* es «orden

---

[3] Véase Herman Dooyeweerd, *A New Critique of Theoretical Thought*, vols.
I–IV (Jordan Station, ON.: Paideia Press, 2016). Traducción al español: *Una
nueva crítica del pensamiento teórico*, vols. I-III (Jordan Station, ON.: Paideia
Press, 2020, 2022, 2024).

del mundo», y aquí radica la fuente de la confusión: las palabras «orden» y «mundo» se han intercambiado. «Orden del mundo» se refiere a las leyes que existen para gobernar todas las cosas en el mundo ordenado.

Dentro de esta filosofía cristiana —o empresa teórica—, el «mundo ordenado» pertenece al *lado factual* (también llamado lado sujeto), mientras que el «orden del mundo» pertenece al *lado ley* de la realidad creacional (cósmica).[4] Así, cuando nos referimos a los aspectos modales, podemos entender, con el estudioso Willem J. Ouweneel:

> Por un lado, los aspectos se refieren a las realidades factuales de los cuales son aspectos. Por otro lado, los aspectos comprenden ciertas leyes que son típicas de estos aspectos y que valen para las realidades factuales *de las cuales* son aspectos. ... Las leyes gobiernan los hechos, los hechos están bajo las leyes.[5]

4.2. Lado factual y lado de ley

¿Cuáles podrían ser algunos ejemplos que nos ayuden a captar esta distinción? Comencemos con el primer aspecto modal, el aritmético (numérico/cuantitativo). Los números (1, 2, 3, etc.) pertenecen al lado factual (o de sujeto) de la realidad creacional (cósmica), mientras que las leyes aritméticas —como las leyes conmutativa, asociativa y distributiva— son ejemplos del lado de ley.

La ley conmutativa afirma que, cuando sumamos o multiplicamos, el orden de los números no afecta el resultado

---

[4] Véase Dooyeweerd, *A New Critique of Theoretical Thought*.
[5] Willem J. Ouweneel, *Sabiduría para los pensadores*, 83.

(por ejemplo, 1 + 2 + 5 = 8; 5 + 2 + 1 = 8; 2 × 5 = 10; 5 × 2 = 10). Esta ley, sin embargo, no se aplica a la resta o a la división, donde el orden de los números sí afecta el resultado.[6] La ley asociativa establece que no importa cómo agrupemos los números (es decir, qué números calculemos primero) al sumar o multiplicar. La ley distributiva enseña que multiplicar un número por un grupo de números sumados produce el mismo resultado que multiplicar cada uno por separado y luego sumar los productos.[7] Para simplificarlo: «1 + 1 = 2» es quizá la primera ley aritmética que aprendemos. Mientras que los números mismos pertenecen al lado *factual* (sujeto) de la modalidad aritmética, la ley pertenece al lado *ley*.

Consideremos ahora el segundo aspecto modal, el espacial (geométrico). Si dibujo un cuadrado, un círculo o un triángulo, estas formas o figuras pertenecen al lado *factual* (o sujeto) de la realidad creacional (cósmica), mientras que los postulados de Euclides y el teorema de Pitágoras son ejemplos del *lado ley*. Por ejemplo, el Postulado 1 de Euclides establece que puede trazarse un segmento de línea recta que una dos puntos cualesquiera; el Postulado 2, que cualquier segmento de línea recta puede prolongarse indefinidamente en línea recta; y el Postulado 3, que dado cualquier segmento de línea recta puede dibujarse un círculo que tenga dicho

---

[6] "Algebra Laws: Commutative, Associative, Distributive Laws", Whatcom Community College. Consultado el 18 de octubre de 2021, https://www.whatcom.edu/home/showpublisheddocument/1702/6355-48016545030000.

[7] "Commutative, Associative, and Distributive Laws", Math is Fun. Consultado el 18 de octubre de 2021, https://www.mathsisfun.com/associative-commutative-distributive.html/.

segmento como radio y uno de sus extremos como centro.[8]
El teorema de Pitágoras nos dice que, en un triángulo rec-
tángulo, el cuadrado de la hipotenusa es igual a la suma de
los cuadrados de los catetos (expresado como $c^2 = a^2 + b^2$).[9]
Estos ejemplos dejan claro cómo el lado *factual* (o de sujeto)
de la modalidad espacial se distingue de su lado *ley*.

Pasemos ahora a otro aspecto: el tercer aspecto modal, el
cinético (movimiento). El movimiento hacia adelante, hacia
atrás, hacia arriba y hacia abajo pertenece al lado *factual* (o
sujeto) de la realidad creacional (cósmica). Pensemos en una
pelota de béisbol lanzada por un pitcher en una dirección
determinada. Aunque podríamos analizar las fuerzas físicas
que intervienen, concentrémonos aquí en el movimiento de
la pelota misma. En cambio, la ley del movimiento de Galileo
es un ejemplo del lado de ley.

¿En qué consiste la ley del movimiento de Galileo? Afirma
que un objeto que se mueve sobre un plano horizontal sin
fricción no experimenta ni aceleración ni desaceleración;
se mueve con velocidad constante.[10] Este aspecto cinético
presupone los aspectos aritmético y espacial que lo preceden.[11] Si uno redujera el aspecto cinético al espacial (que a

---

[8] "Euclid's Postulates", Wolfram MathWorld. Consultado el 18 de octubre
de 2021, https://mathworld.wolfram.com/EuclidsPostulates.html/.

[9] "Pythagorean Theorem", Wolfram MathWorld. Consultado el 18
de octubre de 2021, https://mathworld.wolfram.com/Pythagorean-
Theorem.html/.

[10] "Galileo's thought experiment", Institute of Physics. Consultado el 19 de
octubre de 2021, https://spark.iop.org/galileos-thought-experiment/.

[11] Para más sobre lo aritmético y geométrico, y lo cinemático y físico,
véase D. F. M. Strauss, *The Significance of a Non-Reductionist Ontology for the
Disciplines of Mathematics & Physics: A Historical & Systematic Analysis* (Jordan
Station, ON.: Paideia Press, 2021).

su vez presupone lo aritmético), terminaría con la paradoja de Zenón.[12]

Quizá ahora tengas una imagen más clara de por qué a los aspectos modales, o modalidades, se les denomina esferas de ley modales, pues como dice Ouweneel: «Todo aspecto modal, o esfera nómica, tiene sus propias leyes características que usted no encuentra en ningún otro aspecto».[13]

4.3. Leyes y normas

Hay, sin embargo, una distinción clave entre los aspectos modales primero al sexto y los del séptimo al decimoquinto en lo que concierne al carácter de sus leyes. Los seis primeros aspectos modales corresponden a «leyes naturales», mientras que los nueve restantes corresponden a «normas». ¿Cómo podemos entender esta distinción? Podríamos expresarlo así: las leyes naturales no pueden ser violadas —1 + 1 será siempre igual a 2. «Romper» estas leyes equivaldría a descalificarlas como leyes. Dicho de forma más sencilla, no podemos desobedecer las leyes naturales; tal opción no está a nuestro alcance.

Las normas, en cambio, sí pueden desobedecerse. ¿Cómo? Aunque existen leyes de la lógica —como la ley de no contradicción—, uno puede optar por violar esta norma y ser,

---

[12] Véase Ethan Siegle, "This is How Physics, Not Math, Finally Resolves Zeno's Famous Paradox", *Forbes*. Consultado el 5 de mayo de 2020, https://www.forbes.com/sites/startswithabang/2020/05/05/this-is-how-physics-not-math-finally-resolves-zenos-famous-paradox/?sh=d4ca-62a33f8f/; véase también Danie F. M. Strauss, "The Philosophy of the Cosmonomic Idea and the Philosophical Foundations of Mathematics", *Philosophia Reformata* (publicado en línea antes de impresión 2021), https://doi.org/10.1163/23528230-BJA10014.

[13] Ouweneel, *Sabiduría para los pensadores*, 84.

por ello, considerado ilógico. Una manera útil de distinguir leyes de normas es preguntar si los opuestos son posibles. Por ejemplo, el opuesto de lógico es ilógico; el opuesto de histórico es ahistórico; el opuesto de social es asocial; el opuesto de económico es antieconómico, y así sucesivamente al ascender por la escala de modalidades. Pero no podemos decir lo mismo de lo aritmético: no existe tal cosa como «in–aritmético», «a–espacial» o «in–biótico» en el sentido de violar o desobedecer estas leyes respectivas.[14]

Si bien puede ser relativamente sencillo discernir las *leyes naturales*, ¿cómo discernimos las *normas*? Las leyes naturales nos dicen lo que *es* en nuestra realidad creacional (cósmica), mientras que las normas nos dicen lo que *debería ser* en nuestra realidad creacional (cósmica). Tanto las leyes como las normas tienen su origen en Dios Creador, quien las colocó dentro de la creación. No obstante, debemos tener sumo cuidado al articular estas normas. Como explica Ouweneel, aunque existen normas analíticas (lógicas), históricas (formativas), linguales, sociales, económicas, estéticas, jurídicas, éticas y písticas (de fe),

> No son invenciones del hombre. Al menos, este es un tema que tiene que ser constantemente investigado, para distinguir las normas temporales promulgadas por el hombre de las normas permanentes dadas por Dios. ... Por un lado, la filosofía cristiana está convencida de que las leyes naturales y las normas espiritivas identificadas hasta ahora tienen al menos algo que ver con la naturaleza de la realidad cósmica como tal. ... Por otro lado, nuestro conocimiento de estas leyes y normas

---

[14] Ouweneel, *Sabiduría para los pensadores*, 63.

siempre es preliminar, siempre abierto a la crítica
y a ulterior investigación filosófica y científica.[15]

4.4. La *imago Dei*

Al tratar la naturaleza de las leyes y de las normas en relación
con las esferas de ley modales, debemos hacer una pausa
para señalar la singularidad del individuo humano. ¿En qué
sentido? En el sentido de que la humanidad es la única criatura en la realidad creacional (cósmica) capaz de desobedecer
normas. Ningún otro ser vivo en la creación puede hacerlo.
Es más, sólo el hombre puede tanto desobedecer normas
como *sentir culpa* —el resultado inevitable de conocer las normas y reconocer cómo han sido violadas—, lo que algunos
llamarían *conciencia*.[16]

Derivamos esta comprensión de la revelación especial de
Dios, que enseña que el hombre es personalmente respon-
sable de su propio pecado (Gn. 6:5; Sal. 51:5; Ec. 7:20; Jer.
17:9; Mr. 7:21; Jn. 3:19; Ro. 3:9-19, 23; Tit. 1:15-16; 2 P. 2:14).
La revelación general de Dios también refleja la caída de
la creación mediante su evidente necesidad de redención.
Sin embargo, no vemos esta responsabilidad moral en otras
criaturas colocadas bajo el dominio del hombre. ¿Puede una
ardilla caer en pecado alguna vez? No. ¿Puede caer en pecado un chimpancé? No. ¿Y podrían estas criaturas sentir culpa
por el pecado? De nuevo, no.

Ningún ser viviente aparte de la humanidad puede desobedecer normas y, por tanto, no puede sentir culpa por
desobedecerlas. La razón por la que el hombre ocupa un
lugar de *responsabilidad* bajo Dios y sobre toda la creación —y

---

[15] Ouweneel, *Sabiduría para los pensadores*, 86, 89.
[16] Ouweneel, *Sabiduría para los pensadores*, 95.

rinde cuentas por esa responsabilidad si no se conforma con la intención creacional de Dios— es precisamente porque posee la capacidad de acatar o desobedecer normas. ¿Por qué es así? Porque el hombre fue creado en la *imago Dei*, la imagen de Dios. Como la *Baker Encyclopedia of the Bible* la define:

> Semejanza con Dios, la afirmación más básica que puede hacerse acerca de la naturaleza del hombre desde una perspectiva cristiana. El hombre es único entre las criaturas en que es como Dios y, por tanto, capaz de tener comunión y compañerismo con Dios.[17]

En pocas palabras, ser creado a imagen de Dios es ser creado para ser como Dios en la máxima medida posible para una *criatura*. ¿Por qué enfatizar el término «criatura»? Por la distinción Creador–creación. Esta distinción nos permite entender la ley creacional como una *frontera*: Dios se encuentra del lado exterior de la frontera (y, por tanto, no está sujeto a la ley creacional), mientras que toda la creación está del lado interior de la frontera (y, por tanto, está sujeta a la ley creacional). Aunque esta frontera separa al Creador de la creación, también sirve como «punto de conexión» entre ambos.[18]

¿Qué ocurre si se difumina esta distinción Creador–creación? O bien la creación se eleva a la posición del Creador, o bien el Creador se reduce al nivel de la creación. En cualquiera de los dos casos, se termina con una indiscernible unidad

---

[17] N. Shepherd, «Image of God» en *Baker Encyclopedia of the Bible*, vol. 1 (Grand Rapids, MI.: Baker Book House, 1998), 1017.

[18] Ouweneel, *Sabiduría para los pensadores*, 103.

monista, en la que ya no subsisten distinciones y toda la realidad se torna ininteligible.[19] La distinción Creador–creación,
o la frontera de la ley creacional, es por tanto necesaria para
dar sentido a nuestra realidad creacional (cósmica).

En una nota teológica al margen, esta frontera hace aún
más notable la encarnación divina: Dios Hijo, que está por
encima de la ley creacional, tomó carne humana y, por tanto,
como hombre Jesús se hizo sujeto a la ley creacional. Aquel
que está por encima de la ley creacional y, al mismo tiempo,
sujeto a la ley creacional —el misterio de la unión hipostática,
«la unión de una naturaleza humana perfecta con el Logos
eterno sin confusión de naturalezas en la persona de Cristo»—
es algo profundamente misterioso, pero no por ello menos
verdadero.[20]

4.5. Funciones sujeto y objeto

Veremos en el siguiente capítulo el lugar del hombre en
la realidad creacional (cósmica) a la luz de su creación en
la *imago Dei*, pues su colocación dentro de la creación vino
acompañada de un mandato, y con la ayuda de la filosofía
cristiana podemos avanzar considerablemente en el cumplimiento de ese mandato. Pero antes de seguir adelante,
debemos considerar primero las funciones de sujeto y de
objeto de las quince modalidades. Como vimos en el ejemplo
de la silla presentado por Strauss, sin comprender la distinción entre funciones *sujeto* y *objeto* no podemos apreciar cómo
funciona tal ilustración —ni desarrollar una propia.

---

[19] Véase Van Til, *Christian Apologetics*, 30–31; Martins, *Apologetics*, 102.
[20] A. Cairns, «Hypostatic Union» en *Dictionary of Theological Terms*
(Greenville, SC.: Ambassador Emerald Int., 2002), 218.

Comencemos por las *funciones* sujeto. Todo en la realidad creacional (cósmica) puede funcionar en los quince aspectos modales. Consideremos, por ejemplo, un árbol. Sabemos que un árbol está gobernado por las leyes de los aspectos aritmético (numérico/cuantitativo), espacial (geométrico), cinético (movimiento), físico (energético) y biótico; esto es evidente. Pero ¿sabías que un árbol también puede funcionar en los aspectos superiores, como el analítico (lógico), el histórico (formativo) o el lingual?

Podrías objetar que un árbol no puede pensar lógicamente, ni dar forma o crear (en el aspecto histórico–formativo), ni hablar. Precisamente aquí es donde la distinción sujeto–objeto se vuelve útil. Epistemológicamente, el término «sujeto» se refiere a quien *conoce*, mientras que «objeto» se refiere a aquello que es *conocido*. Ontológicamente, sin embargo, estos términos nos ayudan a entender cómo funcionan las cosas.

Volviendo a nuestro ejemplo del árbol: un árbol funciona como sujeto en los cinco primeros aspectos modales —del aritmético al biótico. Más allá de lo biótico, sin embargo, el árbol funciona como objeto. ¿En qué sentido? En el sentido de que no está sujeto a las leyes de los aspectos modales superiores, sino que se convierte en objeto en relación con la interacción humana, que sí está sujeta a las leyes de esos aspectos superiores. Por ejemplo, un árbol puede no ser un sujeto analítico (lógico), pero puede ser un objeto analítico en la medida en que una persona piensa acerca del árbol. Un árbol puede no ser un sujeto histórico (formativo), pero puede ser un objeto histórico en la medida en que una persona lo cultiva. Un árbol puede no ser un sujeto lingual,

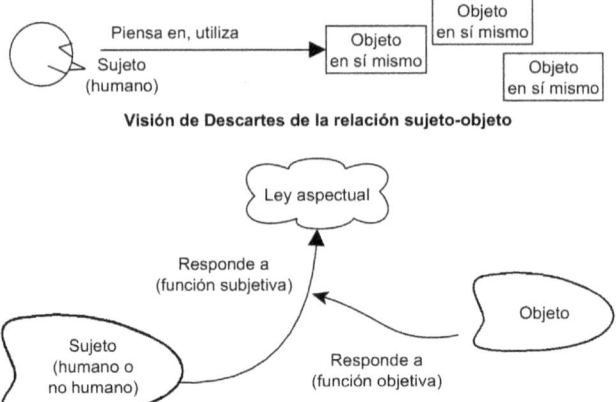

Visión de Descartes de la relación sujeto-objeto

Noción de Dooyeweerd de las relaciones sujeto-ley-objeto

Figura 4. Fuente: Steve Bishop, "Portraits: Subject-Law--Object Relationships, *All of Life Redeemed* Visto en octubre 21, 2021, https://www.allofliferedeemed.co.uk/Portraits/ subj-obj.jpg/.

pero puede ser un objeto lingual en la medida en que se le asigna un nombre científico.

En pocas palabras, un árbol tiene cinco funciones de sujeto (aritmética, espacial, cinética, física y biótica) y diez funciones de objeto (psíquica, analítica, histórica, lingual, social, económica, estética, jurídica, ética y pística). Conviene mencionar un punto: estas funciones de objeto no se activan hasta que existe algún tipo de interacción humana.

Esto debería aclarar cómo Strauss llegó a su ilustración de una silla que funciona en los quince aspectos modales. En el caso de la silla, tiene cuatro funciones de sujeto (aritmética, espacial, cinética y física) y once funciones de objeto. Para añadir aún más claridad, como señala el estudioso Andrew Basden:

> Cualquier entidad puede funcionar como objeto
> en cualquier aspecto. Pero no todas las entidades
> pueden funcionar como sujeto en todos los as-
> pectos, y el último aspecto en el que una entidad
> puede funcionar como sujeto define a qué *reino*
> pertenece. Esto proporciona una manera útil de
> entender la noción de *reinos*... los cuatro *reinos tra-*
> *dicionales* de cosas físicas, plantas, animales y seres
> humanos.[21]

Es cierto: la noción de reinos en la filosofía cristiana dooyeweerdiana aún no ha sido introducida, y ese tema por sí solo
merece toda una discusión. Sin embargo, desde el comien-
zo de este libro hasta este punto, todo lo que he hecho es
conducirte, paso a paso, a descubrir y explorar la superficie
de este sistema filosófico cristiano (o empresa teórica) conce-
bido y desarrollado por Dooyeweerd, sus contemporáneos y
sus sucesores. Salvo el próximo y último capítulo, hasta aquí
puedo llevarte en este viaje introductorio hacia la adopción
de una filosofía distintivamente cristiana.

Lo reconozcamos o no, todos somos filósofos, porque *to-*
dos albergamos creencias e ideas preconcebidas acerca de lo
que es la realidad creacional (cósmica). Es nuestra responsabilidad, como hombres y mujeres creados en la *imago Dei*,
asegurar que nuestra cosmovisión —y, por tanto, la filosofía
que fluye de esa cosmovisión— se alinee con la revelación
unificada de Dios (general y especial), de modo que, direccionalmente, en nuestra orientación religiosa, rindamos la
debida adoración al Dios del cielo y de la tierra.

---

[21] Andrew Basden, «Subjects, Objects, and Things», The Dooyeweerd
Pages, https://dooy.info/subject.object.html/.

Dicho de otro modo, con el libro que ahora tienes en tus manos apenas has mojado tus pies en la orilla. Te encomiendo ahora a los genios filosóficos del pasado y del presente —Dooyeweerd, D. H. Th. Vollenhoven, Andree Troost, H. Evan Runner, Roy Clouser, D. F. M. Strauss, Willem J. Ouweneel, Joseph Boot, entre otros—, quienes no sólo te ayudarán a nadar hacia las profundidades, sino también a sumergirte en lo más hondo de este sistema filosófico cristiano, en nuestra búsqueda compartida de conocer y entender nuestra realidad creacional (cósmica) para la gloria de Dios.

De hecho, hay un siguiente paso muy útil que puedes dar hacia la comprensión de esta filosofía: *Discovering Dooyeweerd*, compilado y editado por Strauss y publicado por Paideia Press.[22]

---

[22] Véase D. F. M. Strauss, *Discovering Dooyeweerd* (Jordan Station, ON.: Paideia Press, 2024).

CAPÍTULO 5

LA VITALIDAD DE UNA COMPRENSIÓN CRISTIANA PARA LA VIDA CRISTIANA

5.1. La renovación de la mente

Después de haber mojado nuestros pies en el sistema filosófico cristiano desarrollado e introducido por el polímata neerlandés[1] Herman Dooyeweerd, queda una pregunta persistente, una que debemos responder si esperamos entender por qué un sistema así es necesario para la vida cristiana. ¿Por qué necesitamos una comprensión filosófica distintivamente cristiana de la realidad creacional (cósmica)?

Podríamos pensar en humildes misioneros que sirven en "zonas rojas" y que nunca han oído hablar de Dooyeweerd, o que quizá nunca han leído un solo libro escrito por o sobre Platón o Aristóteles. También podríamos pensar en cristianos en el llamado "Mundo Mayoritario", cuya atención está fija en las necesidades diarias —qué comerán o beberán— sin el lujo ni el tiempo para contemplar sistemas abstractos de pensamiento. Si ellos han podido vivir fielmente sin una filosofía cristiana todo este tiempo, ¿por qué necesitamos una en absoluto?

Para responder a esa pregunta, volvamos a las palabras del apóstol Pablo escritas a la iglesia en Roma en el siglo I d. C.: «No os conforméis a este mundo, sino transformaos por

---

[1] Una persona de amplios conocimientos o erudición; cf. Kerry J. Hollingsworth, "About", The Reformational Digital Library. Consultado el 3 de noviembre de 2021, https://reformationaldl.org/about/.

medio de la renovación de vuestro entendimiento, para que comprobéis cuál sea la buena voluntad de Dios, agradable y perfecta» (Ro. 12:2).

Primero consideraremos el significado de la primera mitad del versículo antes de pasar a la segunda. Cuando Pablo escribe: «No os conforméis a este mundo», está exhortando a los cristianos a no vivir conforme a la era que pasa —el mundo caído que está siendo desechado y dando lugar a la creación redimida—. Por tanto, los creyentes han de «vivir para Dios y no conformarse a ningún otro estándar» o forma de vida, como señala el comentarista J. A. Fitzmyer.[2]

Esta no conformidad se alcanza mediante la transformación de nuestras mentes —la "metamorfosis" de nuestro pensar, querer y obrar.[3] Tal transformación es producida por la presencia interior del Espíritu de Dios, lo que significa que sólo quienes han sido regenerados por el Espíritu pueden ser renovados en su manera de pensar. Los no regenerados, careciendo de la morada del Espíritu, siguen gobernados por las pasiones de su naturaleza pecaminosa, mientras que los regenerados por el Espíritu de Dios poseen «la mente de Cristo».[4]

¿Qué significa esto de forma más práctica? Significa que el regenerado no piensa como el no regenerado —o al menos no debería—. Aunque todavía no pensamos de una manera completamente libre de la influencia caída de este mundo, debemos esforzarnos continuamente hacia la mente plenamente renovada en Cristo, pues esta renovación ya está en marcha y se completará cuando Cristo regrese.

---

[2] J. A. Fitzmyer, S. J., *Romans: A New Translation with Introduction and Commentary* (Londres, UK.: Yale University Press, 2008), 641.

[3] Ibid.

[4] Ibid., 642.

Es importante aclarar que el término «mente» usado por Pablo no se limita a las actividades intelectuales; también incluye «un importante elemento moral».[5] Recuerda lo que escribí antes sobre los tres componentes de un sistema filosófico: epistemología, metafísica/ontología y ética/moral. Los tres están presupuestos en lo que Pablo escribe aquí. Tener una mente renovada significa poseer un *conocimiento* (o sabiduría) que era inaccesible en un estado no regenerado. Este conocimiento atañe a nuestro *ser* y al de *todo lo demás* en la realidad creacional (cósmica), y está orientado religiosamente en dirección vertical en adoración a nuestro Dios Creador. Esta orientación vertical determina entonces la dirección *ética/moral* de nuestras vidas, en agudo contraste con la orientación horizontal de la adoración del no regenerado a la creación.

¿Y cuál es el propósito de esta mente *renovada*? El término «comprobar» en Romanos 12:2 no transmite adecuadamente la intención de Pablo. No quiere decir que debamos "probar" la voluntad de Dios para verificar si es verdadera o falsa, como si estuviera bajo examen. Más bien, Pablo quiere decir que los creyentes han de *discernir espiritualmente* que la voluntad de Dios es, en efecto, «buena, agradable y perfecta», y —habiendo descubierto esto por la iluminación del Espíritu— ponerla luego en práctica.[6] Dicho de otro modo, el comentarista Leon Morris escribe:

La renovación de la mente capacita al creyente para discernir lo que es bueno, lo que agrada a Dios y lo que es perfecto. Y, habiéndolo discernido,

---

[5] Leon Morris, *The Epistle to the Romans*, The Pillar New Testament Commentary (Grand Rapids, MI.: Wm. B. Eerdmans, 1988), 435.
[6] Ibid.

esa misma renovación lo pone a la tarea de hacer
lo que se ve como la voluntad de Dios.

¿Cómo se relaciona todo esto con la filosofía cristiana?
Recuerda lo que escribí en el primer capítulo: *todos* tenemos una cosmovisión —un sistema de creencias, una red de
presuposiciones— acerca del conocimiento, la metafísica y
la ética, o dicho más sencillamente, acerca de la realidad
creacional (cósmica). Esa cosmovisión está sostenida por una
fe *supra*rracional, que es religiosa por naturaleza porque el
hombre es un ser inevitablemente religioso (todos tenemos
fe en un referente *último*). Los cristianos tienen fe en el Dios
trino del teísmo cristiano, mientras que los incrédulos tienen fe en algún aspecto o absolutización de la creación —de
nuevo, en un *sentido último*—. La filosofía, como ciencia (o
disciplina), como *empresa teórica*, no es independiente de la
cosmovisión, del mismo modo que la teología o cualquier
otra ciencia tampoco lo es. La filosofía está *sujeta* a la cosmovisión de la persona.

Si, por tanto, quienes estamos en Cristo poseemos *mentes
renovadas* como resultado de la obra del Espíritu de Dios,
esa renovación se verá inevitablemente reflejada en nuestra
cosmovisión. Aunque nuestra cosmovisión no será del todo
fiel a los parámetros establecidos por la Palabra de Dios
—debido a los efectos noéticos del pecado, de los cuales
aún no hemos sido liberados por completo—, mostrará sin
embargo un grado de fidelidad que podemos llamar con
razón cosmovisión cristiana.

Permíteme explicarlo así: cuando el Espíritu de Dios re-
genera el corazón de una persona, produciendo arrepen-
timiento y sumisión al señorío de Cristo en respuesta a la
gracia irresistible de Dios, la mente de esa persona también

es renovada. De hecho, esta renovación tiene lugar de manera simultánea a la regeneración, porque la comprensión judaica veterotestamentaria del corazón se refiere no sólo al órgano o a las emociones, sino a la raíz-unidad central del hombre —el "yo"—. La diferencia entre el corazón renovado y el corazón no regenerado es como comparar el día y la noche. Sin embargo, la renovación del corazón —y, por tanto, de la mente— es un proceso continuo «hasta que todos lleguemos . . . a la *medida de la estatura* de la *plenitud* de Cristo» (Ef. 4:13).

Así, una persona recién regenerada tendrá una cosmovisión moldeada inicialmente por una comprensión limitada del evangelio y de la Palabra de Dios. A medida que esa persona crece en el conocimiento de Dios y de su Palabra, su cosmovisión continuará siendo *reformada* como resultado de la *renovación* continua del Espíritu. Me encantaría decir que yo mismo poseo una cosmovisión *perfectamente* bíblica —no sólo en cuanto a mi entendimiento de la Escritura, sino también en cuanto a cómo se relaciona con cada aspecto de la vida—, pero la verdad es que nunca alcanzaré tal *perfección* en esta vida. Soy un ser falible y errante, aún parcialmente obstaculizado por los efectos noéticos del pecado, y así seguirá siendo hasta el día en que Cristo regrese y sea plenamente renovado junto con el resto de la creación.

¿Debería entonces renunciar a perseguir una cosmovisión *perfectamente bíblica*? Tal objetivo es inalcanzable e irrealista mientras vivamos en este mundo caído, bajo sus efectos persistentes. Sin embargo, lo mismo podría decirse respecto a alcanzar la plena madurez en Cristo, «a la medida de la estatura de la plenitud de Cristo» (Ef. 4:13). ¿Deberíamos renunciar también a esto? De ningún modo. Debemos esforzarnos —y seguir esforzándonos— por tal madurez que glorifica a Dios, y por una comprensión correcta de la realidad creacional (cósmica) hasta el día del regreso de Cristo. Todos estamos llamados en Cristo a perseverar en nuestro caminar de fe mientras esperamos el gran clímax de la historia creacional (cósmica), cuando todas las cosas sean renovadas en Aquel que sostiene todas las cosas (Col. 1:17).

¿Es inalcanzable e irrealista mientras vivamos en este mundo caído? Dentro de ese contexto limitado, sí. Pero cuando introducimos en el cuadro la segunda venida de Cristo, lo que parece inalcanzable e irrealista se vuelve alcanzable y realista, y esto se aplica tanto a una comprensión correcta de la realidad creacional (cósmica) como a la madurez semejante a Cristo que Pablo menciona en Efesios 4:13.

¿Por qué, entonces, es tan importante que reformemos nuestra cosmovisión según las enseñanzas de la Biblia? Recuerda de nuevo que la Biblia no es un manual de las ciencias naturales ni de ninguna otra ciencia (o disciplina), sino que proporciona los bloques de construcción para una cosmovisión *cristiana*. Lejos de ser limitada o especializada, es fundacional y abarcante, en cuanto informa todas las ciencias y todo lo que el hombre hace bajo el sol. La Biblia es la revelación especial de Dios al hombre —la única interpretación autoritativa de la realidad creacional (cósmica), la revelación general de Dios—. Trata de la relación del hombre con Dios, con su prójimo y con el resto de la creación.

Para entender por qué debemos reformar nuestra cosmovisión continuamente a medida que nuestras mentes son renovadas continuamente —y, más específicamente, por qué debemos desarrollar una filosofía cristiana que surja de esta cosmovisión— debemos considerar ahora el llamado del hombre a la luz de la creación, la caída y la redención.

5.2. El llamado del hombre

¿Cuál fue el llamado del hombre cuando fue creado? En el jardín del Edén, el hombre fue llamado a ser profeta, sacerdote y rey de Dios. El Adán histórico, creado por Dios del polvo de la tierra, y la Eva histórica, creada por Dios de la costilla de Adán, fueron así comisionados para cumplir estos tres oficios. (En el caso de Eva, es más apropiado hablar de ella como "reina", tanto en lo que respecta a su identidad biológica como a su lugar pactual bajo Adán como su esposa.)

¿Qué significaba, entonces, que el hombre fuera profeta de Dios? El pensador cristiano y discípulo de Dooyeweerd, R. J. Rushdoony (1916–2001), escribe:

> Un profeta es alguien que habla la palabra de Dios e interpreta el mundo y sus acontecimientos en términos de la ley de Dios. El oficio profético del hombre, por tanto, tal como fue dado a Adán, consistía en desarrollar el mundo e interpretarlo, analizarlo, estudiarlo en términos de la palabra de Dios.[7]

Dicho de forma más sencilla, el hombre fue llamado a interpretar y articular la realidad creacional (cósmica) de acuerdo con la revelación de Dios en todo respecto. Como criatura hecha de manera única a imagen de Dios, el hombre

---

[7] R. J. Rushdoony, "Salvation and Godly Rule: Prophet, Priest & King", Pocket College. Consultado el 5 de noviembre de 2021, http://www.pocketcollege.com/transcripts/091%20-%20Salvation-%20and%20Godly%20Rule/RR136AG62.html/.

debía presuponer en todo su vivir y pensar que habitaba el mundo de Dios, que todo provenía de la mano del Creador y que toda la realidad creacional estaba sujeta a la Palabra-ley de Dios y, por tanto, a su reinado soberano. En otras palabras, la revelación escrita de Dios debía servir como lente a través de la cual el hombre vería e interpretaría el mundo, para que las verdades de Dios fueran conocidas y abrazadas. En este sentido, estamos hablando de construir una cosmovisión —la lente interpretativa— utilizando los bloques de construcción provistos por la revelación de Dios.

Pero el llamado profético del hombre no es independiente de los otros dos oficios de sacerdote y rey. ¿Qué significaba que el hombre fuera sacerdote de Dios? Ser sacerdote de Dios significaba dedicar y *consagrar* la totalidad de la realidad creacional (cósmica) —incluyéndose a sí mismo— al servicio del Dios viviente mediante su labor cultural.[8] Antes de abordar "cultura" y "labor cultural", sin embargo, es importante notar la relación entre los oficios de profeta y sacerdote. Se sigue lógicamente que, si el hombre vive conforme a lo que interpreta de la realidad creacional como profeta de Dios, no puede hacer menos que dedicar esa realidad a Dios mediante la puesta en práctica de su interpretación como sacerdote de Dios. Nada de lo que el hombre hace bajo el sol puede considerarse irreligioso; todo lo que piensa y hace tiene una dirección religiosa. Así, para Adán y Eva, toda su actividad era adoración del Dios Creador como sus sacerdotes.

¿Era el llamado del hombre simplemente interpretar y articular (como profetas) y dedicar y consagrar (como sacerdotes) la realidad creacional? No. También fue llamado a gobernar y reinar como lugarteniente de Dios —como rey de

---

[8] Ibid.

Dios— sobre toda la realidad creacional, llevando todas las cosas bajo su dominio a la conformidad con la palabra-ley de Dios (Gn. 1:28). La creación del mundo no fue una hoja en blanco para que el hombre la manipulara a su antojo sin principio alguno. Más bien, la creación fue destinada desde la eternidad por el Dios Creador a ser *su* reino, y la gloria de ese reino debía ser desarrollada por el hombre, sujeto a Dios, de acuerdo con el propósito divino de Dios.

5.3. El mandato cultural

Esto nos conduce al propósito, al objetivo del triple llamado del hombre, que encontramos en Génesis 1:26–28.

> Entonces dijo Dios: Hagamos al hombre a nuestra imagen, conforme a nuestra semejanza; y señoree en los peces del mar, en las aves de los cielos, en las bestias, en toda la tierra, y en todo animal que se arrastra sobre la tierra
>
> Y creó Dios al hombre a su imagen, a imagen de Dios lo creó; varón y hembra los creó.
>
> Y los bendijo Dios, y les dijo: Fructificad y multiplicaos; llenad la tierra, y sojuzgadla, y señoread en los peces del mar, en las aves de los cielos, y en todas las bestias que se mueven sobre la tierra.

Los teólogos suelen llamar a este pasaje el «mandato cultural» —el encargo de que el hombre no sólo debía multiplicarse y llenar la tierra, sino también ejercer *dominio* sobre el ámbito creacional que se le encomendó, cultivando la creación hasta convertirla en una civilización que glorificara a Dios. Esto nos da un marco para entender la cultura y la relación del hombre con ella: la cultura es la labor del hombre de cultivar la creación y, dado que el hombre es intrínsecamente religioso, este cultivo es en sí mismo religioso por naturaleza. Como observa el pensador cristiano y analista cultural P. Andrew Sandlin: «La creación es lo que Dios hace; la cultura es lo que nosotros hacemos. La cultura es bastante diferente de la creación; su rasgo distintivo es el uso humano de esa creación para beneficio del hombre».[9]

Somos iluminados aún más por los escritos de Joseph Boot:

> Las palabras inglesas *culture* y *agriculture* se derivan de una raíz latina (*colere*) y están relacionadas con *cultus* (adoración). La asociación directa de cultura con adoración se aprecia mejor en nuestro uso continuo de la palabra *cult* para diversas religiones. La cultura quizá se entienda mejor como la *manifestación pública del motivo religioso de fondo (es decir, la adoración) de un pueblo*. La cultura es, por tanto, un estado de ser cultivado por el arado intelectual y moral en términos de un *cultus* dominante y, por extensión natural, forma un tipo particular de civilización.[10]

El hombre, por tanto, fue llamado desde el principio a *cultivar la creación hasta convertirla en una civilización (cultura) piadosa*. ¿Cómo iba el hombre a cumplir este mandato cultural divino? Siendo profeta, sacerdote y rey de Dios.

---

[9] P. Andrew Sandlin, *Christian Culture: An Introduction* (Mount Hermon, CA.: Center for Cultural Leadership, 2013), 21.

[10] Joseph Boot, *Gospel Culture: Living in God's Kingdom* (Toronto, ON.: Ezra Press, 2016), 3.

5.4. ¿Vicerregente o vicegerente?

Antes de avanzar, es necesario hacer una aclaración respecto de la referencia al hombre como lugarteniente de Dios. John Hultink, discípulo de H. Evan Runner, explicó en cierta ocasión que Runner objetaba al término inglés *vice-regent*, escribiendo:

> Un vicerregente... es alguien que actúa en lugar de un gobernante, como el vicepresidente de los Estados Unidos que actúa en lugar del presidente cuando éste está inconsciente o muerto. Nosotros no actuamos en el lugar de Dios. Dios es soberano; siempre presente, siempre soberano. Los cristianos son siempre y en todas partes *vice-gerents* de Dios. Toda nuestra autoridad, todo nuestro poder, nos es delegado por Dios, que es el gobernante y cabeza suprema. Así que no actuamos en lugar de Dios, porque Dios no ha renunciado a su soberanía ni, contrariamente a la opinión académica popular, está muerto; nuestros actos humanos son siempre y en todas partes actos en respuesta al mandato que Dios nos ha delegado cumplir. CORAM DEO! De modo que ves... que somos vicegerentes de Dios; no sus vicerregentes.[11]

La distinción que hace Runner es valiosa para clarificar la relación del hombre con Dios y cómo se manifiesta en nuestro funcionamiento. No obstante, debe señalarse que quienes utilizan el término vicerregente dentro de los círculos refor-

---

[11] Citado en John Hultink, "H. Evan Runner: Man of God", *Christian Renewal* (2003), 3.

macionales no presuponen que el hombre reina en lugar de Dios, sino que presuponen el significado de vicegerente.

¿Por qué, entonces, sigo utilizando el término vicerregente (virrey, lugarteniente)? Porque, aunque vicegerente significa «persona designada para ejercer toda o parte de la autoridad de otro» y, por tanto, «autoridad delegada», el término vicerregente también puede significar legítimamente «representante» o «asistente» de una autoridad superior.[12] Runner temía que vicerregente pudiera malinterpretarse como implicando que el hombre reina como sustituto de Dios —como si Dios estuviera ausente o muerto—, pero ése *no* es el sentido en que utilizo el término.

De hecho, no soy el único en usarlo así. Considera a Rushdoony, quien escribe que, dado el sentido *bíblico* del término, «un vice*gerente* y un vice*rregente*... son, en esencia, lo mismo: términos distintos para la misma realidad».[13] Del mismo modo, Joe Boot, un influyente pensador cristiano contemporáneo bien versado en la filosofía dooyeweerdiana y en la teología reformada, también emplea el término *vice-regent*.[14] Así pues, no hay nada inherentemente equivocado en referirse al hombre como lugarteniente de Dios (vicerregente), siempre que entendamos el término a la luz de la revelación especial escrita de Dios.

---

[12] "Vice Regent", Collins. Consultado el 2 de noviembre de 2021, https://www.collinsdictionary.com/dictionary/english/viceregent/.

[13] R. J. Rushdoony, "Systematic Theology – Sin", Pocket College. Consultado el 4 de noviembre de 2021, https://pocketcollege.com/transcripts/111%20-%20Systematic%20Theology%20-%20Sin/RR40-92b.html/.

[14] Cf. Joe Boot, "Ministry, Service, and Power", Ezra Institute. Consultado el 1 de noviembre de 2021, https://www.ezrainstitute.ca/resource-library/sermons/ministry-service-and-power/.

5.5. Profeta, sacerdote y rey

Volviendo al propósito —al objetivo mismo— del triple oficio del hombre como profeta, sacerdote y rey, a saber, el cumplimiento del mandato cultural, el teólogo reformado Herman Bavinck (1854–1921) escribe:

> Génesis 1:26 nos enseña que Dios tuvo un propósito al crear al hombre a su imagen: a saber, que el hombre *ejerciera dominio*... Si ahora abarcamos el sentido de este sojuzgar (dominio) bajo el término de *cultura*... podemos decir que *la cultura en su sentido más amplio es el propósito por el cual Dios creó al hombre a su imagen*.[15]

Por supuesto, la caída del hombre introdujo una ruptura profunda. Mientras que al principio se esperaba que el hombre cumpliera el mandato cultural sin la influencia corruptora del pecado, una vez que Eva —y luego Adán— comieron del árbol prohibido del conocimiento del bien y del mal, todo lo que hay bajo el sol quedó sumido en el desorden. Es importante aclarar que no había nada inherentemente mágico en ese árbol. No poseía propiedades sobrenaturales que lo distinguieran de los otros árboles del jardín. Más bien, era un árbol ordinario, precisamente para que, al honrar y obedecer a Dios respecto de ese árbol en particular, el hombre aprendiera a honrar y obedecer a Dios respecto de la creación entera. Su singularidad radicaba únicamente en el mandato divino de no comer de su fruto.

---

[15] Herman Bavinck, "The Origin, Essence and Purpose of Man", en *Selected Shorter Works of Herman Bavinck*, John Hendryx, comp. (West Linn, OR.: Monergism Books, 2015), loc. 469.

Sin embargo, la caída produjo un cambio *radical* en el hombre, en la creación y en el funcionamiento del hombre dentro del orden fijo de leyes. El pecado original del hombre no fue simplemente comer un fruto prohibido. Fue mucho más profundo y siniestro: fue el deseo del hombre, instigado por la serpiente astuta, de ser «como Dios» de una forma impropia de una criatura —radicalmente autónomo e independiente de Dios en los ámbitos epistemológico, metafísico/ontológico y ético/moral—. El árbol del conocimiento no confería conciencia moral como si tuviera poderes mágicos; más bien, el hombre llegó a conocer el mal cometiendo el mal y experimentando así de primera mano el contraste tajante entre el bien y el mal.

Como resultado del pecado, toda la creación quedó bajo maldición y ahora se muestra *caída*, gimiendo por la redención. ¿Cómo podía entonces el hombre cultivar la creación hasta convertirla en una civilización piadosa? ¿Cómo podía cumplir el mandato cultural? Con el pecado presente, la realización gloriosa de este mandato se volvió una imposibilidad para el hombre por sí mismo. Sin embargo, esto no anuló el llamado del hombre como profeta, sacerdote y rey. Este llamado está incrustado en su propia naturaleza creada: es aquello para lo que fue hecho. En su estado caído, sin embargo, el hombre natural (no regenerado) se ha convertido en su propio profeta, sacerdote y rey. Como su propio profeta, ha rechazado el verdadero conocimiento de Dios en favor de una ilusión, intercambiando a Dios como punto de partida último por algún aspecto de la creación —un intercambio falso que imagina lo llevará a la deificación—. Como señaló el teólogo Geerhardus Vos (1862–1949), el pecado provoca una «inversión radical»: mientras que el hombre era originalmente recto y vivía en íntima comunión con el Dios viviente, el pecado ha devastado su ser y ha perturbado esa comunión, reorientando la dirección de su adoración hacia la creación y produciendo privación espiritual, desorganización y descomposición.[16] El hombre natural, por tanto, interpreta la realidad creacional (cósmica) no según la palabra-ley de Dios, sino según su propio razonamiento vano, finito, sin fundamento y caído. Como su propio sacerdote, se dedica todo a sí mismo, sometiendo el mundo entero —cada persona y cada cosa dentro de la realidad creacional— a su propio servicio. Al hacerlo, hasta el día de hoy, vuelve todas las cosas *profanós* —término griego que significa "vivir, hablar, pensar... fuera de Dios"—. Como observa Rushdoony: «Cualquier forma de hablar, vivir o actuar fuera de Dios es profana».[17]

Como su propio rey, el hombre construye mediante su labor cultural un reino marcado por el pecado y la apostasía, que se erige en oposición directa al gobierno soberano de Dios. En este reino autoerigido, la epistemología, la metafísica/ontología y la ética/moral son sometidas a la redefinición del hombre dentro de un marco sin Dios y humanista. Bajo el influjo de su disposición pecaminosa, el hombre natural se imagina a sí mismo como la medida de todas las cosas, pero esta pretensión termina arrojándolo a un abismo sin luz de falta de propósito y de sinsentido.

¿Ha quedado entonces el hombre incapacitado para cumplir el mandato cultural desde la caída? En absoluto, porque ni el adversario que habló por medio de la serpiente ni el propio hombre caído tienen la última palabra en la historia

---

[16] Geerhardus Vos, *Reformed Dogmatics*, vol. 2: *Anthropology*, ed. y trad. Richard B. Gaffin, Jr., et al. (Grand Rapids, MI.: Lexham Press, 2012), 14.

[17] Rushdoony, "Salvation and Godly Rule: Prophet, Priest & King".

de la realidad creacional (cósmica). Cuando Dios envió a su Hijo, Jesucristo, la tierra recibió al «postrer Adán» (1 Co. 15:22), por medio de quien todos los que estaban muertos en pecado y aguardaban el juicio serían vivificados y redimidos por su gracia salvadora y su voluntad soberana. Este postrer Adán, el Cristo, entró en nuestro mundo siendo plenamente Dios y plenamente hombre, libre del pecado que ha devastado a la humanidad, y vino como Profeta, Sacerdote y Rey de Dios.

Aludiendo a su oficio profético, proclamó la ley y el evangelio como verdad absoluta y exclusiva (Mt. 5), hablando con autoridad inherente, de modo que incluso los elementos de la creación obedecían su mandato (Mr. 1:22; 4:41; Lc. 4:32). Habiendo venido al mundo para dar testimonio de la verdad (Jn. 18:37), se identificó a sí mismo como Rey y, mediante signos y prodigios milagrosos, confirmó, hasta el día de hoy, la veracidad y autoridad de su enseñanza (Jn. 2:11; 10:37), revelando no sólo la legitimidad de su poder real (Mt. 9:6, 8; 21:23), sino también su compasión sacerdotal (Mt. 8:17).

Los relatos evangélicos del Nuevo Testamento no sólo presentan a Cristo realizando las funciones de Profeta, Sacerdote y Rey, sino siendo en su totalidad *el* Profeta, Sacerdote y Rey —y sigue ejerciendo estos oficios hoy—. Como observa Boot:

> En medio de los vanos esfuerzos del hombre por rehacerse a sí mismo como divino (como su propio dios), en los propósitos de Dios, en el momento oportuno, Dios envió a la simiente de la mujer, su propio Hijo el Mesías, como el *segundo Adán* (1 Co. 15:45–48), para ser el verdadero *portador del oficio* y así encarnar el oficio al que el hombre había sido llamado a cumplir desde el comienzo. Jesús hace

esto mediante una obediencia perfecta. Cristo, por tanto, es situado en la historia del evangelio como Aquel que *restaura el orden de Dios*, trayendo todas las cosas de vuelta a Dios al redimir a su nuevo pueblo, o nueva humanidad... En vida, el Mesías no sólo cumple el *papel cultural* de profeta, sacerdote y rey, tal como Adán fue llamado a hacer en el jardín, sino que, por su muerte expiatoria, compró *el derecho de renovación* de un nuevo pueblo, recomisionado para ser profetas, sacerdotes y reyes al servicio de Dios y para ser sus colaboradores, en el poder del Espíritu, en la reconciliación de todas las cosas en el cielo y en la tierra con Dios.[18]

Sí, leíste bien: en Jesucristo —el verdadero Profeta, Sacerdote y Rey— el mandato cultural es renovado y reorientado en el contexto de la Gran Comisión:

«Toda potestad me es dada en el cielo y en la tierra. Id, pues, y haced discípulos de todas las naciones, bautizándolos en el nombre del Padre y del Hijo y del Espíritu Santo; enseñándoles a guardar todas las cosas que os he mandado; y he aquí yo estoy con vosotros todos los días, hasta el fin del mundo» (Mt. 28:18-20).

Por tanto, el hombre no ha quedado incapacitado para cumplir el mandato cultural, porque es Dios —no el hombre— quien tiene la última palabra en la historia de la realidad creacional (cósmica). Desde la eternidad, Él decretó que la humanidad cumpliría este mandato bajo y en el Hijo, y por medio del poder renovador de su evangelio. Porque el

---

[18] Boot, *Gospel Culture*, 96.

evangelio no es meramente salvación del pecado —aunque
eso sea su núcleo, su semilla—, sino también nuestra entrada
en el reino de Dios, donde somos restaurados para servir
su propósito divino como portadores de su imagen y de su
oficio.[19]

5.6. La vitalidad de una filosofía cristiana para el mandato cultural

A la luz de todo esto, debemos preguntarnos ahora: ¿Cómo ayuda una filosofía distintivamente *cristiana* a cumplir
el mandato cultural? Para comenzar, la filosofía cristiana
nos proporciona una comprensión correcta y verdadera de
la realidad creacional (cósmica). Por ejemplo, nos capacita para distinguir entre *estructura y dirección* en la creación
—una distinción necesaria, como veremos— introducida por
el cuñado de Dooyeweerd, D. H. Th. Vollenhoven.[20] Según
Ouweneel, «estructura» se refiere a las estructuras creacionales o «las leyes estructurales que Dios ha instituido para las
diversas criaturas y modalidades cósmicas», mientras que «dirección» se refiere a «la direccionalidad de cualquier entidad,
acontecimiento o estado de cosas».[21] Como ya podrás intuir,
sólo hay dos posibles direcciones: la orientación vertical (o
dirección positiva) hacia el Dios Creador y su honra, o la
orientación horizontal (dirección apóstata) hacia la creación
—lejos del Creador y hacia su deshonra—.

---

[19] Ibid., 97.

[20] Cf. J. Glenn Friesen, "D. H. Th. Vollenhoven", Christian Nondualism.
Consultado el 2 de noviembre de 2021, https://jgfriesen.wordpress.com/d-
h-th-vollenhoven/.

[21] Willem J. Ouweneel, *Wisdom for Thinkers: Introduction to Christian Philosophy* (Jordan Station, ON.: Paideia Press, 2014), 76–77.

A veces me refiero a la cosmovisión de una persona como estructural, ya que existe como un marco o sistema de pensamiento, y a su religión como direccional, dado que refleja su orientación última. Así, cuando uso el término «cosmovisión religiosa» en mis escritos y conferencias, me refiero a la *dirección* (religión) de esa *estructura* (cosmovisión).

Si esperamos participar de manera significativa en la redención de todas las cosas —no como redentores en nosotros mismos (pues esa es obra de Dios), sino como quienes hemos sido invitados por gracia a participar mediante la proclamación y la aplicación del evangelio, lo cual incluye el cumplimiento del mandato cultural—, necesitamos una comprensión *correcta* de la realidad creacional (cósmica). Cuanto más aprendamos y conozcamos, mejor equipados estaremos. ¿Cómo podríamos trabajar por la renovación cultural si carecemos de una comprensión correcta de lo que la realidad creacional (cósmica) es, o de lo que debería ser —tanto en su conjunto como en sus diversos aspectos?

Cuando digo «lo que debería ser», no me refiero a la dimensión estructural de la creación, que está fijada en el orden de leyes de Dios. Aunque toda la creación fue sometida a la maldición del pecado (Gn. 3:17–19; Ro. 8:20), el orden de leyes creacional en sí nunca fue alterado, pues de otro modo el pecado habría destruido el orden creacional y socavado la soberanía de Dios, afirmando de hecho el gobierno autónomo de Satanás frente a Dios.[22] Afirmar que el pecado cambió el orden fijo de leyes sería poco menos que herético. La Escritura revela que el pecado no alteró la estructura de la

---

[22] Ouweneel, *Sabiduría para los pensadores*, 77.

realidad creacional, sino el funcionamiento de las criaturas bajo estas ordenanzas.[23]

Así, cuando digo «lo que la realidad creacional (cósmica) debería ser», me refiero a lo que debería ser con respecto al funcionamiento del hombre bajo el orden fijo de leyes. Ahora puedes empezar a ver cuán vitalmente importante es que tengamos una filosofía *cristiana* —una comprensión auténticamente *cristiana* de la epistemología, la metafísica/ontología y la ética/moral en relación con la realidad creacional—. En verdad, ¿qué otra cosa podría ocupar su lugar si vivimos y respiramos en el mundo de Dios? Sólo una filosofía informada por la revelación unificada de Dios (especial y general) y que brota de una cosmovisión *cristiana* y bíblica puede proporcionarnos una hoja de ruta para avanzar en la renovación y la reforma cultural en cumplimiento de nuestro triple llamado como profetas, sacerdotes y reyes de Dios. Como explica el pensador cristiano Josué Reichow, el sistema filosófico cristiano dooyeweerdiano:

> supone que la realidad es *significado*, dado como un don por el Creador. Este significado es como la luz del sol refractada a través de un prisma, que se dispersa en diferentes colores y matices, pero que proviene de la misma fuente... Los seres humanos experimentan este significado en *diversas modalidades*, sin diferenciarlas cualitativamente antes de la abstracción teórica. «Para cada aspecto se encuentran *leyes* o *normas* particulares» (Kalsbeek, *Contornos da filosofia crista*, p. 38). Esta analogía explica cómo se expresa la soberanía de Cristo en el mundo. Dios tiene una sola voluntad, perfecta y

---

[23] Ibid.

coherente. Sin embargo, cuando su voluntad "atraviesa" el prisma del tiempo, se expresa en distintas leyes. Cada ley, en la creación de Dios, puede compararse con uno de los colores del espectro de luz.[24]

Como profetas de Dios, somos llamados a interpretar la realidad de acuerdo con su palabra-ley. Como sacerdotes de Dios, debemos dedicar y consagrar la creación —y toda nuestra interacción con ella— como acto de adoración a Dios y de servicio a Él. Y como reyes de Dios, debemos gobernar este mundo bajo el justo y soberano gobierno de Dios. Todo esto es posible por medio de Cristo.

Lo que una filosofía distintivamente cristiana logra es hacer más claro y practicable el cumplimiento de este llamado. Para ser claro, no quiero decir que este trabajo se vuelva *fácil* —la historia de la iglesia atestigua lo contrario—, sino que puede emprenderse de forma más fiel y eficaz cuando se cimenta en una filosofía cristiana. Sin un marco así, corremos el riesgo de vagar en círculos, obstaculizados una y otra vez por las síntesis paganas parasitarias que contaminan nuestra mente y, a su vez, nuestros esfuerzos misionales.

5.7. La vitalidad de una filosofía cristiana para la vida cristiana

Volvemos, pues, a la imagen de misioneros internacionales que sirven en zonas rojas, de humildes creyentes que viven en comunidades empobrecidas o analfabetas, e incluso del cristiano promedio de cada día en todo el mundo. ¿Qué be-

---

[24] Josué Reichow, *Reformai a vossa mente: A filosofia cristã de Herman Dooyeweerd*, Kindle Edition (Brazil: Editora Monergismo, 2019), loc. 1895.

neficio, podríamos preguntar, tendría para ellos una filosofía cristiana? ¿En qué se muestra vital la filosofía cristiana para la vida cristiana, es decir, para nuestra vida *Coram Deo*, en la presencia de Dios?

Para empezar a responder esto, considera lo que el apóstol Pablo escribió a la iglesia de Roma:

> No os conforméis a este siglo, sino transformaos por medio de la renovación de vuestro entendimiento, para que comprobéis cuál sea la buena voluntad de Dios, agradable y perfecta. (Ro. 12:2).

Pablo enseña que, como cristianos, no debemos conformarnos a este mundo en nuestra manera de vivir. Más bien, debemos vivir *cristianamente*, es decir, conforme a las enseñanzas de Jesucristo y al conjunto de la revelación escrita de Dios (la Biblia). Y la forma en que vivimos está, en gran medida, determinada por la forma en que pensamos. Por eso Pablo nos exhorta a ser «transformados por medio de la renovación de vuestro entendimiento» (Ro. 12:2).

Cuando hablamos de la renovación de la persona humana en Cristo, nos referimos a la purga de todo lo que es antitético a la perfección de Cristo —a saber, el pecado y su influencia corruptora— y a la restauración de la *imago Dei*, que ha sido desfigurada por el pecado. A esto llamamos *regeneración*, la obra del Espíritu de Dios, que incluye la renovación de nuestras mentes, intelecto y pensamiento. Renovar nuestras mentes implica purgar todo aquello que se opone al conocimiento y la sabiduría de Cristo, y restaurar nuestra comprensión correcta de la realidad creacional (cósmica).

Aunque limitada, la siguiente analogía es útil: piensa en un sistema informático infectado por un virus. El daño puede ser catastrófico. El pecado es como ese virus, mientras que la regeneración es como purgar el virus y restaurar el sistema. Nuestras mentes aún conservan restos de pensamiento caído que deben ser limpiados, pero purgarlos exige reemplazarlos con un pensamiento renovado —como rechazar la evolución darwiniana y abrazar una comprensión bíblica de los orígenes y de la vida—.

En segundo lugar, sin una filosofía cristiana, los misioneros —y, de hecho, *todos* los cristianos llamados a servir misionalmente en cada área de sus vidas— a lo sumo pueden tener sólo una comprensión general de hacia qué están trabajando, y con frecuencia esa comprensión es gravemente truncada. Considera la idea equivocada, pero común, de que la misión cristiana consiste meramente en la salvación espiritual de las almas para su entrada en el cielo. Esto reduce el evangelio a la soteriología únicamente e ignora su alcance pleno, en particular el señorío de Cristo sobre toda la creación.

¿Qué hay de la restauración de la creación, y no sólo de la creación en su estado material, sino también del funcionamiento del hombre dentro de la creación? Muchos cristianos relegan esto al futuro y se retraen de trabajar por la restauración ahora porque sus mentes están contaminadas por síntesis paganas —ya sea el dualismo gnóstico, el dispensacionalismo escapista, el fatalismo no bíblico o la artificial división entre lo sagrado y lo secular—.

Una filosofía cristiana ofrece un marco comprensivo para los creyentes misionales —un "mapa", por así decirlo— hacia una restauración holística por medio del evangelio. Por ejemplo, en referencia a las normas (distintas de las leyes naturales), ayuda a los creyentes a captar el diseño original de Dios para el funcionamiento humano desde la sexta hasta la decimoquinta modalidad. ¿Cuál fue la intención de

Dios para el funcionamiento humano en los aspectos psíquico (sentido, sentimiento, emoción, percepción), analítico (lógica, distinción, conceptualización), histórico (formativo, configuración deliberada, historia, cultura, tecnología, objetivos, logros), lingual (significado portado por símbolos), social (comunidad, sociabilidad, relaciones, roles, respeto), económico (mayordomía, gestión frugal de los recursos), estético (armonía, juego, disfrute), jurídico (responsabilidades y derechos), ético (amor que se entrega a sí mismo, generosidad) y pístico (visión, aspiración, compromiso, creencia)? ¿Cómo ha distorsionado el pecado el funcionamiento del hombre en estos aspectos? ¿Y cómo se vería la restauración mediante la renovación del evangelio?[25]

Podrías objetar: «Pero Dios nunca ha sido impedido de cumplir sus propósitos redentores a través de su pueblo en el Antiguo y el Nuevo Testamento ni a lo largo de la historia de la iglesia simplemente porque carecían de una filosofía cristiana formal». Tienes razón —alabado sea Dios por ello—. Pero permíteme decir dos cosas. Primero, Dios cumple sus propósitos redentores mediante su pueblo *a pesar de nosotros*, no a causa de nosotros. Segundo, la Escritura presenta de forma consistente la expectativa de que el pueblo de Dios crezca en madurez y sabiduría a lo largo de las edades, instruido por su Palabra, iluminado por su Espíritu y guiado por la madurez y sabiduría de los santos que nos precedieron.

Si descartamos la filosofía cristiana sobre la base de que «Dios puede obrar sin ella», entonces, por la misma lógica, también deberíamos abandonar todo avance en las ciencias naturales y reducirnos al conocimiento más rudimentario de los israelitas en el Antiguo Testamento. ¿Por qué detenernos

---

[25] Ouweneel, *Sabiduría para los pensadores*, 108.

allí? Podríamos retroceder aún más hasta las formas más básicas de inteligencia humana en la historia. Ya ves el punto: los propósitos de Dios no excusan nuestra complacencia.

A medida que Dios lleva a cabo su plan redentor —restaurando la creación mediante la renovación por el evangelio—, su pueblo está llamado a *progresar*, no a retroceder, en su desarrollo integral mientras sus mentes son renovadas continuamente. La filosofía cristiana, por tanto, no es un lujo opcional. Aunque muchos la han tratado como opcional —o la han rechazado de plano, ya sea por irracionalismo, antiintelectualismo o por la artificial brecha entre lo sagrado y lo secular—, en realidad es vital para la vida cristiana, para nuestra vida *Coram Deo*.

SOBRE EL AUTOR

Steven R. Martins es un pensador y escritor cristiano, director fundador del Cántaro Institute y pastor fundador de Sevilla Chapel en St. Catharines, Ontario. Ha trabajado en los campos de la apologética misional y el liderazgo eclesiástico durante diez años y ha dado conferencias en numerosos congresos, iglesias y eventos estudiantiles universitarios. También se ha desempeñado como director de proyecto de Paideia Press y ha contribuido con artículos para *Coalición por el Evangelio* (TGC en español) y la revista *Siglo xxi* de Editorial CLIR. Steven posee una maestría *summa cum laude* en Estudios Teológicos con énfasis en apologética cristiana por Veritas International University (Santa Ana, CA, EE. UU.) y una licenciatura en Gestión de Recursos Humanos por la York University (Toronto, ON, Canadá). Steven está casado con Cindy y viven en Lincoln, Ontario, con sus hijos Matthias, Timothy, Nehemías y Raquel.

ACERCA DEL CÁNTARO INSTITUTE

Heredar, informar, inspirar

El Cántaro Institute es una organización evangélica reformada comprometida con el avance de la cosmovisión cristiana para la reforma y renovación de la iglesia y de la cultura.

Creemos que, a medida que la iglesia cristiana regresa a la fuente de la Escritura como su autoridad última para todo conocer y vivir, y aplica con sabiduría la verdad de Dios a cada aspecto de la vida, su actividad misional tendrá como resultado no sólo la renovación de la persona humana, sino también la reforma de la cultura, un resultado inevitable cuando el verdadero alcance y la verdadera naturaleza del evangelio se hacen conocer y se aplican.

www.ingramcontent.com/pod-product-compliance
Lightning Source LLC
Chambersburg PA
CBHW051322120626
46547CB00015B/2347